AS 4 CHAVES PARA A REALIZAÇÃO ILIMITADA

CARO LEITOR,

Queremos saber sua opinião sobre nossos livros.
Após a leitura, curta-nos no facebook/editoragentebr,
siga-nos no Twitter @EditoraGente,
no Instagram @editoragente e visite-nos no site
www.editoragente.com.br.
Cadastre-se e contribua com sugestões, críticas ou elogios.

Boa leitura!

Suryavan Solar

AS 4 CHAVES PARA A REALIZAÇÃO ILIMITADA

Use as tecnologias ancestrais para ousar ser feliz, próspero, cultivar a cultura e a liberdade mesmo quando o mundo parece um caos

Diretora
Rosely Boschini

Gerente Editorial
Rosângela de Araujo Pinheiro Barbosa

Assistente Editorial
Juliana Cury Rodrigues

Controle de Produção
Fábio Esteves

Preparação
Adriana Bairrada

Projeto Gráfico
Ligia Guimarães

Diagramação
Know-how Editorial

Imagens de Miolo
Padrão das páginas coloridas: Freepik.com

Revisão
Know-how Editorial

Capa
Miriam Lerner

Imagem da Capa
Sergey Nivens/Shutterstock

Impressão
Rettec Gráfica

Copyright © 2018 by Suryavan Solar
Todos os direitos desta edição são reservados à Editora Gente.
Rua Wisard, 305 – sala 53
São Paulo, SP – CEP 05434-080
Telefone: (11) 3670-2500
Site: www.editoragente.com.br
E-mail: gente@editoragente.com.br

Dados Internacionais de Catalogação na Publicação (CIP)
Angélica Ilacqua CRB-8/7057

Solar, Suryavan
    As 4 chaves para a realização ilimitada : use as tecnologias ancestrais para ousar ser feliz, próspero, cultivar a cultura e a liberdade mesmo quando o mundo parece um caos / Suryavan Solar. 2ª ed. São Paulo : Editora Gente, 2018.
    192 p.

ISBN 978-85-452-0255-4

1. Autoajuda 2. Autorrealização 3. Felicidade I. Título

18-0589   CDD 158.1

Índice para catálogo sistemático:
1. Autoajuda

*Dedico este livro aos que se atreveram a fazer a diferença
renunciando ao rebanho dos inconscientes.
Aos grandes seres que marcaram a história da humanidade
porque tiveram a ousadia de sair da sombra coletiva.
Aos que lutaram em nome da liberdade,
acima do medo e da vulnerabilidade.
Aos ousados que tive o privilégio de conhecer ao longo da vida
e que não sobreviveram aos tempos difíceis.
E aos que o fizeram e hoje me seguem, acompanhando-me
de perto e a distância nesta travessia
para o despertar da consciência.*

AGRADECIMENTOS

Agradeço a meu Mestre, Cóndor Blanco, por plantar em mim aquilo que tem dado sentido à minha existência, por gravar na minha memória o sonho da Montanha antes de encontrá-la.

A todos os mentores que ao logo da minha vida me treinaram e inspiraram, apoiando-me a construir este caminho.

Ao meu pai, por me preparar desde criança no caminho do guerreiro, por despertar em mim a ousadia que me permitiu correr riscos, confiar e avançar com determinação.

À minha mãe e à minha avó, Águila Celeste, por cuidar de meu coração e meu espírito, com a bênção dada para expandir minhas asas em busca da liberdade.

À Sikin, por ser testemunha de minha história, resguardando meus passos nos bons e maus momentos, por ser uma mulher ousada e autêntica.

À minha filha Sol, por ser o equilíbrio e o coração deste projeto, os olhos com visão de futuro que permitem que este sonho siga palpitando.

Ao Samuel Pereira, por nos apoiar com seu conhecimento e experiência através de novas plataformas, conexões e parcerias. À Rosely e sua equipe editorial, por tornar possível esta publicação e contribuir para a expansão destes ensinamentos.

À Taranisha, por sua eficiente tradução, e a cada uma das pessoas que fizeram possível este livro.

À minha tribo, que cresce a cada dia, expandindo-se com coragem, persistência e entrega ao caminho de Cóndor Blanco.

SUMÁRIO

Apresentação **11**

Introdução **15**

CAPÍTULO I
A vida é mudança **26**

CAPÍTULO II
Do confinamento à liberdade **40**

CAPÍTULO III
Ponto de ruptura **64**

CAPÍTULO IV
A ousadia diante do caos **86**

Capítulo V
Do medo à ousadia: os cinco passos para dar um salto para o desconhecido **104**

Capítulo VI
Os pilares da ousadia **136**

Capítulo VII
Meu encontro com a ousadia **160**

Conclusão **183**

Bibliografia **187**

APRESENTAÇÃO

O que é ousadia?

A palavra *ousadia* vem do latim, *ausare*, que significa "atrever-se". Indica valentia, coragem, audácia, intrepidez e atrevimento.

Seu uso pode ter diferentes nuances segundo o contexto no qual se aplica. Pode-se ser ousado ao lançar-se de paraquedas e será aplaudido por sua valentia e pelo espírito aventureiro. Ou ser considerado ousado por confrontar um grandalhão da escola que fazia *bullying* com os mais frágeis. Também pode ser chamado de ousado, não tanto por valentia mas por imprudência, se você vai contra a moralidade de uma religião ou cultura, e pergunta pela aura e os chacras a um padre em meio a uma missa católica.

Em qualquer que seja a situação, a ousadia chama a atenção do coletivo, seja por admiração ou por desaprovação. Seu efeito é remover o estabelecido, o tradicional e o habitual; sua presença implica mudança, sair da zona de conforto, do conhecido, convida ao risco, a acolher o desconhecido e lançar-se ao incerto.

A ousadia o convida a caminhar sobre território inexplorado, é a força, o impulso que lhe diz "saia do rebanho", "seja você mesmo", "siga sua voz interna".

Ser ousado é um convite a seguir a intuição, a continuar avançando, apesar das vozes que lhe dizem para não fazer, para "não se meter em apuros" e "para permanecer naquilo que já é seguro e estável". Para o ousado essas vozes se desvanecem como o gelo sob o calor do Sol, porque esse fogo interno vem aceso desde antes, como se uma tocha tivesse sido entregue de geração a geração, e agora é sua vez e você a tem nas mãos decidido a entrar nas cavernas que forem necessárias até alcançar seu sonho amado.

Um corpo ousado se levanta todas as manhãs sem se importar com a chuva nem com o frio, faz sua rotina de exercícios, até com mais ânimo e entusiasmo diante do desafio climático, e regressa revitalizado, cheio de energia, com o olhar presente no aqui e no agora, porque cada célula de seu corpo seguiu o chamado de ir um pouco além de seus limites. Um corpo ousado vibra com a adrenalina, aniquila a preguiça, abraça a vida e não tem medo da morte.

Um coração ousado segue pelo que considera que lhe fará feliz. Se ele se apaixona, o faz 100%. Não ama pela metade, se entrega apesar do medo de ser ferido. Do contrário não teria sentido viver. Sabe que ao amar fará de sua vida a melhor poesia. Dança ao ritmo de seu palpitar. Costumam chamá-lo de ingênuo, de louco ou imaturo, mas ele segue sorrindo apesar das tantas lágrimas derramadas, pois em seu interior reconhece que seu maior ato de ousadia é converter cada gota de dor em néctar. Vive plenamente suas relações, é honesto com o que sente, não se vende por aprovação, simplesmente é fiel a sua essência.

Uma mente ousada se atreve a ampliar sua visão cada vez que tem a oportunidade, não se deixa prender pelos limites dos preconceitos e das doutrinas, questiona sem medo, tem opinião, é curiosa e se abre ao mundo, à diversidade de filosofias, culturas, raças e tradições. Pode falhar muitas vezes, mas com o mesmo ímpeto se levanta com uma ideia nova. Reinventa-se constantemente. Mentes ousadas revolucionam o conhecimento e fazem as descobertas mais significativas apesar das provocações e incompreensões pelas quais passam até serem reconhecidas por sua genialidade.

Um espírito ousado em geral nasce fora de sua época, faz de tudo para abraçar a liberdade e abrir o caminho a muitos mais para que saiam das próprias prisões. Um espírito ousado sabe quando o ser de corpo, de coração e de mente integra as ousadias anteriores porque vem com um propósito maior. Sua intenção é cortar todas as correntes que limitam enfrentando a maior das ousadias: despertar a consciência pessoal e do mundo.

Em nosso interior, todos levamos a semente da ousadia, pois é parte da nossa natureza. Sem ela a humanidade não teria sobrevivido até nossos dias.

Porém, em algumas pessoas ela está adormecida, se sente castigada ou tem medo de se manifestar por ter passado por traumas, ordens ou por ter adquirido costumes.

Em outros ela conseguiu germinar e pouco a pouco vai tomando forma à medida que avança, superando obstáculos, enfrentando provas, caindo e voltando a levantar-se.

E em uns poucos ela conseguiu florescer e dar frutos para gerar novas sementes que toquem e cheguem a outras pessoas até o ponto de impulsioná-las a despertar sua capacidade de ser autênticas e atrever-se a viver plenamente seu destino com um propósito elevado.

INTRODUÇÃO

O poder de um sonho

> Atualmente temos abundância de informação,
> mas os recursos naturais se esgotam.
>
> Os rios e as fontes de água pura se tornam escassas.
>
> Nestes tempos de mediocridade, somos incapazes
> de manifestar abundância integral.
>
> Estamos desconectados das raízes da vida e nem
> sequer recordamos quais são "as raízes da vida",
> que não são o refrigerador e a impressora 3D.
>
> É a natureza e seus quatro elementos:
> a terra, a água, o ar e o fogo.

Atrever-se a sonhar é ser filho da terra. Ter a ousadia de mudar, de inovar ou de empreender é valioso. É ir além do medo e ser apadrinhado pelo Sol. É certo que, para ganhar dinheiro, a maioria dos empreendedores tradicionais busca que as pessoas consumam seus produtos. Mas o novo empreendedor *millenial* busca mudar o mundo com tecnologia, uma ideia disruptiva e uma equipe valiosa de colaboradores para apoiar a próxima era da expansão da consciência.

O que realmente motiva um empreendedor da consciência?

Eu me atreveria a dizer que é a sensação de liberdade em todos os sentidos que por um segundo você alcança em meio ao triunfo e ao fracasso. É a força que você escuta no interior e que ressoa com firmeza. É a sensação de sentir uma ideia que o toca de tal forma que você respira, dorme e sonha com ela.

O novo empreendedor gera uma força que lhe permite escutar a pulsação da vida, da humanidade, dos tempos; é o impulso da natureza pronta para parir uma era. Por isso, o inovador busca servir aos demais e a si próprio.

Contudo, este mundo vem desenhado para tirar de você tudo isso e deixá-lo sem apoio, instalando em suas entranhas um sistema que fará tudo o que estiver a seu alcance para apagar essa paixão até que se acabe o desejo de fazer algo diferente e atrever-se a assumir uma mudança.

Atrever-se a sonhar é ser filho do céu. Os estudantes motivados, os profissionais científicos, investigadores focados na excelência, os novos empreendedores persistentes e os bons colaboradores, todos vão em busca da realização de um sonho.

Martin Luther King não disse: "Eu tenho uma ideia, um capricho" ou "eu tenho um plano de negócios". Ele disse: "Eu tenho um sonho". Um sonho que, ainda que pareça impossível, toca seu coração de tal forma que não o deixa em paz. E você caminha, dorme, respira e vive sonhando com seu ideal. É essa sensação de amor, entrega, dedicação e liberdade profunda que você sente quando seu exemplo inspira outras pessoas a soltar suas correntes e a romper seus limites.

Uma vida valiosa é construída por aqueles que têm a ousadia de sonhar. Sonhar é ter um ideal pelo qual vale a pena viver (ou morrer). Lutar e esforçar-se para concretizar um sonho amado requer soltar as amarras do passado e ter mais espaço para aprender a crescer e servir, adotando novas formas de viver.

O sonho da alma

Tenho um sonho desde criança: sempre desenhava uma montanha.

Com o tempo, a visão se esclareceu e pude afirmar que meu sonho era ter uma montanha onde eu pudesse construir um centro mundial de desenvolvimento humano em um ambiente ecológico, com as melhores técnicas e tecnologias ancestrais e modernas para ajudar a mudar o mundo. E minha intenção era criar ali uma "incubadora de talentos" para despertar em todas as pessoas seu potencial adormecido.

Com o tempo e com o apoio de meus mestres, mentores e *coaches* descobri que a paz da realização pessoal se consegue ao estudar, trabalhar e equilibrar as quatro áreas ou aspectos de uma vida valiosa, integral e significativa: a prosperidade, a felicidade, a cultura e a liberdade.

Sou fundador da Cóndor Blanco e posso dizer que meu sonho é desenvolver um caminho integral para mudar o mundo, com um método que favorece o progresso e a evolução. Cóndor Blanco foi uma *startup* cujo primeiro teste foi no ano 1977 e não estava pronta como organização até o ano de 1995, quando comprei a montanha no sul do Chile.

O "sonho da alma" é o que o realiza e libera, e é o que busca o corpo, o coração, a mente e o espírito quando estão unificados. Essas grandes áreas de uma vida valiosa, ao equilibrar-se, oferecem a garantia de uma vida plena com o foco em suas raízes, como um círculo estratégico com um centro ou um ponto ao meio que permite nos manter em equilíbrio e evitar que fiquemos para trás apegados a um passado decadente se rejeitamos o progresso. Com as raízes ancestrais curadas podemos abraçar a artificialidade ultratecnológica moderna sem nos perder.

Os quatro elementos primordiais

Desde a origem a energia mágica da vida se mantém graças aos quatro elementos da natureza: a terra, a água, o ar e o fogo. Eles representam a força criativa ou produtiva, a força nutridora ou mantenedora do amor incondicional, e a força da sabedoria que leva à destruição do velho e à transcendência.

Se ignorarmos a terra, não teremos saúde, trabalho ou energia para nos mover.

Se nos esquecermos do elemento terra não haverá riqueza, comida, água, educação, vestimentas, assistência médica, liberdade de trabalho, e para trabalhar e produzir, liberdade para caminhar pelo mundo, liberdade de expressão nem transparência. Não haverá vontade, impulso nem ação correta e produtiva.

Sem terra não haverá estabilidade, não teremos ações corretas com paciência, persistência, organização, controle emocional nem bem-estar.

Sem o elemento terra não controlaremos a gula nem a voracidade, a ambição nem a visão, os projetos, as equipes e os resultados por excessiva obstinação, apego, pessimismo ou sentimento de posse. Neste mundo nunca conheceremos o sabor da vida e da paz porque só passaremos o tempo lutando para sobreviver, sem o avanço, a estabilidade e a abundância de que necessitamos, que queremos ou merecemos.

Sem as bênçãos da terra, não teremos ousadia nem riqueza. E não encontraremos jamais a verdadeira prosperidade.

Ao carecer de água não teremos energia para sentir nem para realizar o processo afetivo nem para alcançar os sentimentos humanos mais profundos, como a bondade fundamental, a amabilidade, o amor e a compaixão.

Sem o elemento água em nosso interior, não teremos um coração limpo para gerar amor incondicional, o passaporte da evolução humana.

Sem água interior, não nos impulsionam a emoção otimista nem a alegria.

Sem água não encontraremos jamais a verdadeira felicidade.

Sem o ar estaremos dispersos e vivendo no superficial. Não controlaremos a energia, o pensar, as palavras e a comunicação. Sem o elemento ar jamais controlaremos o barulho da mente. Sem ar, não buscaremos a verdadeira sabedoria.

E se carecermos de fogo interior não teremos a conexão natural e silenciosa com o céu nem o poder para nos levantar e brilhar. Tampouco teremos a capacidade de dar o melhor. Só buscaríamos elogios, seríamos autoritários e, ao nos descuidar do orgulho, só buscaríamos ser protagonistas.

Sem fogo, não buscaremos e jamais encontraremos a verdadeira liberdade.

> Por esses quatro motivos, nós não temos ousadia.
> E, para sair do pântano da escassez,
> das carências, do estancamento e das crises,
> devemos aprender a manifestar abundância.
> Ou seja: prosperidade, felicidade, cultura e liberdade.
> Antes de começar a caminhar,
> o primeiro passo para manifestar abundância
> é aprender a olhar e ver.

"Olhar" é saber olhar-se. Olhar-se é ter a ousadia de olhar para dentro. É olhar sem medo sua realidade e encontrar a necessidade real para ver a solução. Olhar é saber olhar a escassez, suas carências e a dor.

"Ver" é saber ver a natureza da realidade. Ver é "compreender a unidade de tudo". Ver é descobrir a solução criativa para velhos problemas. Ver é olhar o positivo e saber criar o novo.

Olhar é encarar a escassez, e, se você for além de olhar, poderá ver. Ver de acordo com o grande sonho, traçar o plano produtivo.

Produtividade é esforçar-se para cumprir metas que lhe aproximam de seu grande sonho. Produtivo é aquele que tem a ousadia de confrontar sua preguiça, seu medo e sua dispersão.

Confrontar a inércia para mover-se de verdade. Confrontar o medo de fracassar ou de triunfar ou de soltar o passado, o medo de perder sua miséria interna e sua zona de conforto. E confrontar a dispersão da mente que o leva de um desejo a outro sem estabelecer um plano. A produtividade dirigida a cumprir seus sonhos é necessária até alcançar o bem-estar que o alimenta no externo e a paz que lhe nutre por dentro.

Assim, você desperta a visão. E a visão criativa se mantém com a visão exitosa e otimista, e essa é a visão triunfadora que abre seu caminho, que afasta seus obstáculos e alimenta a paixão, permitindo que a coragem ou a ousadia de mudar seja maior que o medo da mudança. A luta é contra a inércia, o medo e a confusão. Dessa maneira a luta contra a força oposta está ganha.

Chegamos ao ponto em que ou nos renovamos ou desaparecemos. Temos abundância de informação, mas escassez de água e de amor. Somos quase 80% água e este planeta contém 70% de água, mas, destes, 97% são água salgada. E dos 3% restantes, 2% são água congelada e só 1% é água doce, e uma parte dessa água doce está suja ou contaminada, restando apenas uma porção dela apta para beber.

Com a revolução tecnológica e as crises pessoais ou sociais, as mudanças são aceleradas, tanto na economia, na agricultura, na pecuária, nas empresas, na produção, no consumo, na sociedade, na cultura, no desenvolvimento humano, nos sistemas políticos, educativos, financeiros, de saúde, de transporte. Chegamos ao ponto de quebra, em que todo o sistema ou se adapta ou colapsa. Entendamos o seguinte: chegamos ao ponto em que ou nos renovamos ou desapareceremos.

Buda anunciou uma era de degradação. Não necessitamos de muita inteligência nem de genialidade para ver a decadência de um sistema, mas necessitamos recordar com urgência o que é ter a ousadia de nos olhar. De ver com ousadia e honestidade como a sociedade nos mantém *ocupados*, *intoxicados*, *assustados*, *distraídos e adormecidos*.

Estamos adormecidos e divididos pelos diversos "eus" e pela avidez de ter "o meu" e rejeitar "o seu", e assim desintegrados psicologicamente. Sem saber quem somos, tentamos sobreviver e buscar o sonhado "bem-estar" e a paz por meio de coisas externas. Ao olhar para fora, temos a percepção falsa de que carecemos de muitas coisas, mas na realidade só carecemos de uma coisa: de ousadia.

Não temos "a ousadia de olhar para dentro", de buscar a riqueza imensa que temos dentro de nós, de buscar a felicidade dentro, porque o sistema nos condiciona, nos manipula e nos mantém o mais afastados possível do bem-estar. Sem prosperidade, sem felicidade, sem cultura nem autoconsciência e com uma mínima liberdade, a sociedade nos mantém olhando para fora.

É necessário paz para obter o bem-estar pessoal e social das nações. No entanto, é necessário nitidez e ousadia para inovar e descobrir os truques do samsara que só nos distraem do prioritário e de olhar para dentro.

Graças aos jovens, o mundo está mudando velozmente porque são otimistas e têm a ousadia de inovar, motivados a transformar o mundo. Por isso estão dispostos a ler estas linhas.

Desde pequeno eu queria mudar o mundo e valorizo o progresso como a evolução. Por isso meu convite é de nos unirmos. E este livro oferece uma forma de tornar isso possível.

Este livro é para as pessoas de espírito jovem. Para gente com sede de futuro, que quer inovar e que se sente frustrada, decepcionada e desiludida. Mas este livro é também para a velha geração que está se sentindo obsoleta, ultrapassada, desatualizada e devastada pela tecnologia. E como criar uma estratégia saudável que integre o passado e que abrace a revolução tecnológica para aceitar e enfrentar melhor o incerto de um mundo que agora se move de maneira constante?

O primeiro ponto é saber que todos estamos no mesmo barco chamado planeta Terra. Que tudo é energia e que algo maior nos une, mais além de nosso individualismo e de nossos interesses pessoais. Une os obsoletos que ainda resistem à tecnologia aos jovens *millenials* apaixonados pelos avanços tecnológicos. O primeiro ponto é entender que ainda que sejamos diferentes, todos queremos algo em comum: uma humanidade evoluída. Vamos todos atrás de um sonho comum, o de um mundo melhor, e trabalhamos com esse propósito. Os jovens têm a vantagem de uma mente fresca e otimista.

Os que têm mais de 55 anos, os que levamos "a carga da experiência", construída com as cicatrizes de muitas tentativas, batalhas, fracassos e triunfos, estamos aqui sobretudo para recordar princípios ou propósitos e as bases de uma cultura em desaparição. E o que primeiro está desaparecendo é a natureza, e é ela que nos aproxima da paz interior. A paz interior é o produto mais precioso, escasso e antigo. Quais contribuições da natureza recebe a juventude atual que vive 98% do dia em frente a uma televisão? De que os resgata? De que os protege?

Uma juventude sem raízes, sem a bênção da fonte onde tudo surge, é uma juventude sintética e corporalmente débil. Algo falta, e se evapora uma força primordial que é sugada pelo artificial, o trânsito, a televisão, o marketing, o iPhone.

Sou partidário das novas tecnologias, adoro ter o novo iPhone, o último iPad ou computador. Porém, o que diferencia minha geração da atual é que pudemos viver sem internet grande parte de nossas vidas, em que era primordial acumular energia vital; pudemos absorver a energia da natureza, contemplar uma paisagem por horas sem interromper o momento para revisar o WhatsApp.

Talvez isso tivesse um propósito e agora me sinto no dever de lembrar a estas novas gerações de onde viemos, lembrar-lhes o essencial do simples e do natural. Não assimilamos as mudanças porque esquecemos que somos parte dos ritmos naturais, resistimos à possibilidade de vida e de morte. Por isso buscamos a imortalidade por meio da tecnologia, e como consequência nos desconectamos de nós mesmos negligenciando o que de verdade nos reafirma e descuidando disso: o apoio dos ancestrais e da natureza.

Se há algo que me serviu na vida foi a ousadia para mudar, adaptar-me, atrever-me a sair do rebanho, ter sido um rebelde. Em tempos em que todos lutavam por política, eu me dediquei a indagar o espírito e a buscar essa montanha que aparecia em meus sonhos e que não parava de desenhar. Chegou o dia e por fim eu a encontrei. Meditando diante dela me dei conta de que o trabalho apenas começava. Decidi então começar a investigar, entender de marketing, de redes sociais, de motivação, porque sabia que tudo isso seria essencial para poder cumprir meu sonho.

Quando cheguei ao ponto mais alto desse aparente êxito, deixei tudo para ir aos pés da cordilheira e me dei o tempo de aprofundar no trabalho humano. Nesse ponto compreendi que a integralidade tinha mais sentido que nunca, porque uma pessoa não pode se desenvolver no campo profissional deixando de lado sua espiritualidade, deixando algo inconcluso, vazio. Compreendi que não se pode ser feliz se não cultivar seus aspectos emocionais e criativos, e é essa raiz que dá origem a este livro: ser ousado para unir a arte do ancestral e do moderno de modo que transforme a vida e atinja a realização ilimitada. Porque todos queremos ter uma vida valiosa e significativa, mas pouquíssimos estão dispostos a pagar o preço para consegui-la.

Portanto, este não é um livro para qualquer pessoa, é para quem quer ser agente de mudança, para quem se cansou de esperar que o chefe lhe dê uma promoção, para quem está vendo que a mudança é iminente e sente que tem de fazer algo, mas não sabe o quê. Para quem saiu da universidade e se deu conta de que nada lhe serve para iniciar uma *startup* que mude o mundo.

Quando nos sentimos perdidos, sozinhos, quando não estamos inspirados, quando não nos motiva o trabalho, sobrecarregados pela rotina, atemorizados, pressionados por sobreviver, quando tememos o futuro, nós nos sentimos rejeitados, incapazes ou estamos presos pelo sentimento de não sermos suficientemente bons, e caímos em uma espiral de medo, comparação, raiva, tristeza, vingança de emoções negativas que nos vão separando de nossa alma, de nossos talentos, tirando-nos brilho, energia e saúde. Enchendo-nos de dúvidas, negatividade, queixas e frustrações.

Este livro desperta seu sentido de abundância, abre-lhe ao amor, potencializa sua criatividade e cultiva seu sentido de liberdade, propósito e significado.

Dizem que todos viemos fazer algo especial neste mundo, mas ao longo do tempo esquecemos o que viemos fazer, para onde vamos, para que todo esse esforço. No entanto, quando conseguimos fazer algo que nos realiza, influencia e inspira a outros positivamente, quando descobrimos coisas que despertam novos interesses e quando vivemos experiências transformadoras, algo em nós se fortalece, muda nossa percepção sobre nós mesmos e encontramos significado ao que temos vivido, e então compreendemos que tudo valeu a pena.

Hoje, em meus 66 anos de vida, vendo todo o caminho percorrido, ao longo de mais de cinquenta anos de busca e quarenta de trabalho com pessoas, compartilharei um método que foi se aperfeiçoando por meio de acertos e desacertos.

Nos últimos anos tive a oportunidade de conhecer jovens com ímpeto e sabedoria, visionários com uma força e uma clareza surpreendentes. São como almas antigas em corpos de criança. Ninguém entende realmente o que motiva esses empreendedores do futuro porque não é o dinheiro, não é a fama, não é qualquer recompensa que se possa obter, porque afinal tudo isso se vai, e as novas gerações percebem isso.

Ao ter a oportunidade de crescer conectado ao ritmo da natureza, sei que aqui habita a fonte inesgotável que cuida de seu coração e de suas asas, permitindo-lhe conservar um estado de frescor na alma que lhe recorda quem você é, de onde vem e para onde tem de ir. Quem sabe os jovens atuais estão chegando à mesma conclusão?

Neste sentido, sinto-me afortunado e posso dizer que para muitos de minha geração é mais simples apreciar o som, quase imperceptível, de um bosque ao crescer que focar-se no barulho que produz uma só árvore ao cair.

Este método é teórico e prático, porém o mais importante é sua experiência pessoal. É meu desejo que ao longo deste livro você possa se auto-observar, refletir e descobrir quem você é, quais são suas fortalezas, como quer desenvolver sua preciosa vida para construir um legado a partir de uma vida com propósito e significado.

Capítulo 1
A vida é mudança ◄

> *Enraizar-se é aprender a viver no espaço interior no qual flui sem cessar o rio da consciência, abraçando com abertura e sem julgamento, sem apego e sem rejeição, qualquer experiência, por muito doce, amarga, ácida ou salgada que pareça; aprendendo a dançar com as circunstâncias externas e as limitações internas que surjam no caminho.*[1]

[1] SOLAR, Suryavan. *Meditación:* el arte de volar. Santiago: Cóndor Blanco, 2014.

A vida é uma constante mudança. É impossível fugir dessa lei universal. Desde que nascemos até morrermos estamos mudando. Nosso corpo muda, o que nos rodeia muda, até o que parece imutável cresce, amadurece, envelhece e morre. Diante de nossos olhos é evidente esse processo, o vemos em uma flor, em um fruto, na mudança climática, em um bebê que de repente se converteu em um jovem com opinião e nos custa crer "como passa o tempo". Percebemos isso em nosso interior: um dia estamos felizes e no outro mal-humorados, temos uma ideia e cinco minutos depois queremos fazer algo diferente; sentimos isso no ser amado cujo olhar já não conserva a mesma paixão; vemos em quem nos acompanha, que um dia nos apoia e depois já não está mais ao nosso lado.

Você tem um trabalho que lhe dá segurança e de que gosta, mas de repente há um corte de pessoas e você deve sair, e fica de novo no ar.

Você dorme sob um céu estrelado e na manhã seguinte abre a janela e tudo está nublado ou chovendo. É evidente, a natureza nos mostra todos os dias, as pessoas o refletem constantemente, nosso espelho também se encarrega de fazê-lo, mas, ainda assim, uma parte dentro de nós resiste e se sente com o direito de ir contra esta realidade. Então acudimos ao bisturi, cortamos o cabelo, insistimos em sustentar uma relação tóxica, nos apegamos à rotina de um trabalho entediante, às nossas ideias fixas e obsoletas, aos nossos filhos que continuamos vendo como crianças ainda que estejam com 40 anos.

Globalmente, as culturas, as ideologias e as crenças refletem essa mesma dinâmica. As preocupações que temos hoje em dia como sociedade não são as mesmas que no passado. Na década de 1930 foi o surgimento da era atômica, agora é o aquecimento global, em um futuro não muito distante talvez seja a ausência de água doce. O conceito de família está se transformando, agora as famílias nucleares são cada vez mais escassas e as separações mais frequentes, os grupos e as comunidades começam a surgir como novos conceitos de família. As doenças de hoje são diferentes das de tempos passados, as pessoas morrem de câncer, antes morriam de gripe. As crianças estão morrendo já não só de fome, mas por comer mal. Há uma epidemia mundial de obesidade; só na América Latina a obesidade afeta 140 milhões de pessoas, o que representa 23% da população total da região. Há estudos que confirmam que em 2030 a metade da população de Estados Unidos será obesa.[2]

A sexualidade e as relações humanas já não são como as conhecíamos, o conceito de gênero transcende o feminino e o masculino, diversificando-se em heterossexual, bissexual, assexual, demissexual, antrossexual, transexual etc. Cada vez mais países aprovam o casamento igualitário; em 2000 foi a Holanda que deu o primeiro passo e nos últimos quinze anos mais de vinte países se juntaram, entre eles Canadá, Dinamarca, Argentina, Brasil, Estados Unidos, Austrália e Colômbia.

Assim, podemos continuar enumerando as múltiplas mudanças que a história da humanidade tem vivenciado e de que nossos antepassados e nós mesmos temos sido testemunhas.

---

[2] GORE, Al. *O futuro*. Tradução de Rosemarie Ziegelmaier. São Paulo: HSM, 2013, p. 160.

A lei da impermanência

As coisas que não duram muito são as mais bonitas:
uma estrela fugaz, os fogos artificiais...
Justamente porque falta o eu são mais bonitas.
O que tem a ver um eu com uns olhos belos?
Quero contemplar seus lindos olhos ainda sabendo que não durarão,
ainda quando souber que falta o eu.
Seus olhos são lindos, são conscientes de que são impermanentes,
mas o que tem de mal a impermanência?
Poderia existir algo sem impermanência?
Assim, ainda que seus olhos sejam impermanentes,
ainda que não sejam você, continuam sendo lindos
e quero contemplá-los, quero desfrutar olhando-os enquanto estiverem aí.
Sabendo que seus olhos são impermanentes eu desfruto deles,
sem tentar fazê-los durar para sempre,
sem tentar retê-lo, gravá-los, nem fazê-los meus.
Amando seus olhos permaneço livre.[3]

Thich Nhat Hanh

A lei da impermanência plantada pelo budismo nos ensina a ser equânimes ante as mudanças.

Muitos associamos a mudança ao sofrimento porque nos apegamos, estamos acomodados, seguros, temos o controle. Mas ninguém escapa dessa lei universal e a vida se encarrega de nos lembrar.

---

[3] Thich Nhat Hanh. Poema sobre la impermanencia. *Meditación y Psicología*, 26 jan. 2015. Disponível em: <http://meditacionypsicologia.com/2015/01/26/poema-sobre-la-impermanencia/>. Acesso em: 18 mar. 2018. Tradução livre do autor.

Buda, conhecido como Siddhartha Gautama, o príncipe do clã guerreiro dos Shakia e futuro rei de seu palácio, nasceu tendo tudo. Não necessitava esforçar-se muito para obter qualquer coisa que desejasse, vivia em um belo palácio, seus criados lhe serviam a comida mais exclusiva do reino, era constantemente honrado por belas dançarinas e por músicos, se vestia com os mais finos tecidos, era rodeado pelos sábios eruditos e pelo melhor da realeza. Tudo ele ganhava, tudo ele tinha. Apesar de seus luxos, decidiu um dia sair da comodidade e adentrar no mundo cotidiano, onde viu quatro pessoas que transformaram sua vida para sempre: um doente, um velho moribundo, um morto e um renunciante.

Foi então que se deu conta de que em seu palácio o tinham protegido a tal ponto que ele não conhecia a doença, a velhice ou a morte, e menos ainda a renúncia. O dia em que ele aprendeu que a vida real era assim, todo o seu mundo se desfez. Ele deve ter compreendido algo de vital importância que o motivou a sair de sua zona de conforto e a deixar sua família, sua esposa e seu filho recém-nascido para renunciar a todos os luxos e privilégios do reino.

Decidiu abandonar tudo em uma tentativa de encontrar algo que desse um verdadeiro sentido a sua existência, e partiu em busca da iluminação.

Sobre isso Buda disse:

Quando pessoas ignorantes veem alguém velho,
sentem horror e aversão,
ainda que também serão velhos algum dia.
Pensei: não quero ser como as pessoas ignorantes.
Depois daquilo,
não pude voltar a sentir a embriaguez da juventude de novo.
Quando pessoas ignorantes veem alguém doente, sentem horror
e aversão, ainda que também estarão doentes algum dia.

Pensei: não quero ser como as pessoas ignorantes.
Depois daquilo,
não pude voltar a sentir a embriaguez da saúde de novo.
Quando pessoas ignorantes veem alguém morto, sentem horror e aversão, ainda que também morrerão algum dia.
Pensei: não quero ser como as pessoas ignorantes.
Depois daquilo,
não pude voltar a sentir a embriaguez da vida de novo.[4]

Sete anos depois ele iniciou sua própria *startup*. Com a investigação prévia já tinha dado o primeiro passo e tinha visto a dor do mundo. Compreendeu a pobreza, e que todos de certa maneira éramos pobres interiormente, sem a riqueza mais valiosa, a verdade. Compreendeu que todos estávamos doentes, e sem sabedoria e felicidade, ou seja, sem remédio para a ignorância, e sem a liberdade do medo e do ego. E compreendeu que todos chegariam à velhice e à morte, sem o remédio da imortalidade, a iluminação.

Então ele se lançou em busca de respostas, o que o levaria a criar um grande produto, ou um serviço, a medicina do dharma, que ofereceu ao mundo baseado em quatro nobres verdades e um caminho triplo de filosofia, ética e samadhi, caminho que se mantém com a disciplina do nobre caminho óctuplo[5] baseada na prática do estudo de seus ensinamentos, no comportamento ético e na meditação.

---

[4] BOEREE, G. *La vida de Siddhartha Gautama*. Disponível em: <http://webspace.ship.edu/cgboer/vida.pdf>. Acesso em: 18 mar. 2018. Tradução livre do autor.

[5] Caminho ensinado por Buda Shakyamuni para ajudar os seres sencientes a acabar com o seu sofrimento. Fonte: <http://www.templozulai.org.br/nobre-caminho-octuplo>. Acesso em: 26 mar. 2018.

Uma prova de que existem sonhadores realizados é Gautama, o Sonhador.

Um buscador e empreendedor autêntico que abandonou tudo por um sonho. Sendo príncipe, um dia descobriu que o sistema ou a matrix não o faria jamais feliz e que de nada servia acomodar-se ou iludir-se. Portanto, renunciou a suas riquezas e prazeres, e um dia, há 2.600 anos, com 28 anos, se levantou da inércia e teve a ousadia de renunciar à mansidão e à mediocridade do sistema, deixou seu passado, saiu do palácio e deixou para trás para sempre sua pegajosa zona de conforto. Percebeu que todos tínhamos algo em comum, o *sofrimento*, e decidiu abandonar sua família, seus amigos, sua casa, seu país, e saiu dali disposto a arriscar tudo e a investigar a fundo o remédio "para as penúrias da existência" e encontrar o antídoto, a felicidade.

Partiu sem pensar em cuidar de seu posto político, seu lugar no palácio, sua esposa e sua riqueza externa, que lhe garantia uma vida pessoal segura e sua aposentadoria.

Buda nesse dia declarou sua autonomia.

Seguiu a voz e o chamado de sua alma, que lhe dizia "venha, venha, venha!". Buda construiu uma vida valiosa ao ter a ousadia de sonhar.

Desde os tempos de Buda, a consciência da mudança já estava presente. Porém, vivemos em uma sociedade que nos intoxica, congela nosso coração, nos distrai e adormece cada dia, anestesiando nossa capacidade de assimilar processos; uma sociedade que nos impede de assumir nossa natureza mutável com a ousadia.

Por que resistimos à mudança?

Por não lembrarmos de quem somos,
de onde viemos e para onde vamos,
perdemos a memória de nossa origem

*e de nosso mágico ser interno
e o substituímos por um falso eu.
Nosso substituto é cego, surdo,
sem pernas para correr e sem asas para voar.
Então, identificados com o substituto,
vagamos de um lado a outro,
de um reino a outro, de um mundo a outro,
de uma existência a outra...
Como habitantes e não como seres vivos.*

Sinais de vida, *Suryavan Solar*

Resistimos à mudança porque deixamos de lado nossas raízes.

Nós nos apoiamos em algo ilusório e, como consequência, no momento da mudança, não nos sentimos sustentados, ficamos no ar. Em um mundo onde tudo é cada vez mais artificial, onde tudo vai mudando em alta velocidade, chega um ponto na vida em que nos damos conta de que aquilo ao que nos agarramos era descartável, sintético e vazio.

Apegar-nos a um papel, a um posto social, a uma imagem pública ou ao corpo são fontes de prazer temporário que com o tempo, se não nos conectamos com algo mais profundo, a infelicidade e o vazio serão inevitáveis, e aquilo que era fonte de alegria se converte em motivo de desgraça.

Uma modelo ou atriz, ou um atleta quando chega aos 60-70 anos, deve assumir que o corpo mudou, já não está na juventude nem tem a mesma vitalidade. Caso se identifique completamente com sua aparência externa sem cultivar o espírito, essa beleza e vitalidade se transformarão em tristeza e frustração, e terá perdido a oportunidade de tê-la transformado em riqueza espiritual.

Nós nos esquecemos de onde viemos, nossos verdadeiros apoios, a quem devemos honrar, os que estavam antes de nós. Nós nos sentimos aterrorizados com a ideia de perder algo porque aprendemos a depender do externo e depositamos fora de nós nosso poder. Nós nos esquecemos da capacidade de aprofundar e isso semeia medo e confusão.

HISTÓRIA DE UM VELHO CURANDEIRO BALINÊS

Ao longo de minha vida, sempre que viajei e visitei outros países e continentes, tive a fortuna de encontrar-me com pessoas muito especiais. Em minha última viagem a Bali, Indonésia, na vila onde me hospedei, me convidaram a conhecer um velho curandeiro, um xamã de 98 anos respeitado e renomado na região por sua experiência e capacidade única de curar. Decidi visitá-lo, e o taxista que me levou era um amigo próximo de sua família. Conhecia muito bem a história desse lendário personagem, a qual me narrou na uma hora e meia de percurso.

Esse ancião, cujo nome será mantido em sigilo, tem um passado que eu não teria imaginado e que creio que ninguém o faria. Descendente de reis e nobres, nasceu em uma renomada família no interior de Bali onde recebia todos os luxos e comodidades. Era o filho mais novo de nove irmãos, o mais ativo e rebelde. Sempre quis fazer o contrário ao que lhe diziam e causava polêmica desde pequeno por suas atitudes. Nessa época, quando ele tinha uns 15 anos, ter uma bicicleta era um luxo e uma de suas irmãs ganhou uma de presente de aniversário.

No dia seguinte, ele roubou o tão apreciado presente de sua irmã e partiu para o litoral para vendê-la e ganhar dinheiro. Assim conheceu o mundo do mercado negro e se converteu em um dos melhores contrabandistas de licor e tabaco. Sua família não tinha ideia de suas andanças até que um dia, sem lhes dizer nada, ele foi viver na ilha de Java para dedicar-se a seus assuntos ilegais, ganhar a vida à sua própria maneira, o que foi um escândalo para a família.

Mudou de nome, não queria que ninguém soubesse de sua ascendência nobre e conseguiu passar como desconhecido até que sucedeu o impensável: caminhando à noite pela rua, um homem o pegou desprevenido e lhe roubou a carteira. Ele sabia artes marciais Sua reação imediata foi perseguir o ladrão até alcançá-lo e lhe deu um golpe de tal modo que o deixou jogado ao chão. O que ele não sabia naquele momento era que o ladrão era nem mais nem menos que o gângster supremo e líder de Java, o que todos respeitavam, seguiam e temiam por sua violência e habilidade nas artes marciais, pois deixava qualquer um inconsciente. Seus seguidores, ao verem essa cena, seu chefe pela primeira vez jogado ao chão derrotado e sangrando, dirigiram de imediato a atenção ao forasteiro, um homem magro e simples que só queria sua carteira de volta. Depois disso, o tomaram como seu novo guru.

Por dentro, ele sentia que esse não era seu caminho e rejeitou a oferta, queria que o deixassem tranquilo. Com o passar dos anos, ele se lembrava de um velho xamã que desde menino costumava ensiná-lo sobre as plantas e ervas, só que não se interessava e sempre o ignorou. Aprendeu artes marciais tornando-se faixa preta, mas também abandonou essa disciplina, não queria atar-se a nada. Foi então que adoeceu gravemente e ninguém sabia o que ele tinha. Entre a febre e seu delírio ele sonhou com o velho xamã de sua infância, que lhe dizia: "As plantas perguntam por você, só suas raízes o sanarão". Em uma tentativa de evitar seu regresso, se converteu na religião muçulmana assumindo que talvez fosse o que faltava para curar-se lá mesmo em Java.

Porém, sua doença continuou, todos o davam por morto até que teve outra visão: O mesmo xamã aparece em seus sonhos dando-lhe uma poção de ervas e pronunciando umas palavras em seu idioma nativo. No dia seguinte, ele acordou como se não tivesse nada. Ele tinha se curado magicamente depois de uns meses com a grave doença. Por ter entendido a mensagem, já não podia fechar os olhos, sabia que deveria regressar, e foi assim que voltou a seu pequeno povo, ainda um pouco relutante. Alguns dias depois, um jovem doente pediu-lhe serviço, porque doía seu estômago e fazia semanas sem conseguir se curar. Haviam lhe dito que só ele poderia curá-lo.

Mas ele não entendia nada, jamais tinha curado ninguém, então o mandou embora e cada vez que regressava o expulsava de sua casa dizendo-lhe que estava equivocado, que ele não tinha ideia de como curar seu mal-estar, que buscasse um médico de verdade. Mas o jovem insistiu e continuou batendo em sua porta até que nosso personagem não teve mais escolha senão buscar de má vontade uma planta qualquer em sua horta, fazer uma pomada e esfregá-la na barriga do rapaz.

O jovem se curou e, depois disso, este senhor se reconciliou com seu destino, convertendo-se no curandeiro mais respeitado de Bali até nossos dias.

Ao chegar, entrei em uma humilde casa junto a um templo, e aí o vi, um ancião muito magro com bigodes compridos, caminhando tranquilamente e contemplando seu jardim acompanhado de seus dois cachorros, com um olhar penetrante e um leve sorriso que revelava a astúcia guardada em suas histórias de juventude. Apesar da idade, sua energia intacta é revelada quando é minha vez de ser atendido e ele coloca seus dedos compridos e firmes sobre minha cabeça. Senti uma pressão capaz de me partir em dois e que chegou até meus ossos.

Senti o poder de sua cura, senti a força que empodera quem assume seu destino, e meu corpo saiu renovado. Conversamos um pouco, de certa forma nos reconhecemos como dois rebeldes espirituais, e o senti como um velho amigo de outros tempos.

Âncoras ou raízes

Uma árvore não precisa agarrar-se a outros ramos para equilibrar-se em uma tormenta porque sente a segurança desde sua raiz.

A humanidade cada vez mais está voltada ao externo. São muitos os estímulos e as fontes de dependência; os enganos a nossos sentidos nos introduzem em um mundo ilusório e tentamos nos apoiar em algo destinado a quebrar-se, pois as ramas não foram feitas para sustentar nosso peso. Os japoneses recomendam sentir os pés sobre a terra quando estamos emocionalmente melancólicos e, com a respiração, enraizar-se cada vez mais até se acalmar. Essa é uma técnica simples, mas os resultados são imediatos, porque vamos direto à fonte.

A vida sempre nos traz mudanças quando menos esperamos e é nossa escolha deixar que passem por cima de nós ou fluir com essas mudanças.

Imaginemos que temos duas opções: ou somos um barco ancorado na areia, ou uma árvore com raízes. A primeira opção de alguma forma o imobilizará, você não terá mais alternativa de expansão, o barco terá de conformar-se em contemplar as ondas que vão passando por ele, segurando-se até que passe uma grande onda ou chegue uma tormenta e o arraste. Assim segue a vida vendo as oportunidades passarem direto enquanto seguimos ancorados a nossos medos e nossas inseguranças até receber um impacto. Por outro lado, a segunda opção tem vida. As raízes de uma árvore têm a possibilidade de crescer para seguir fundindo-se com a terra, há uma troca, as raízes lhe nutrem, lhe convidam a expandir-se para mudar e servir constantemente. Quanto mais se entrega ao crescimento, mais se segura à terra dando-lhe permissão de expandir com confiança seus ramos ao céu.

Abraçar as mudanças é receber as chuvas, as tormentas, o Sol e a vida como for chegando, mantendo o tronco firme e elegante, com seus ramos flexíveis e confiantes porque essa árvore sabe que sob seus pés há uma força maior que a segura.

Bert Hellinger, o criador das constelações familiares, fala das ordens do amor, em que somos pequenos e nossos pais são grandes, e sempre seremos os filhos e eles nossos pais. Isso quer dizer que para levar um destino abençoado, você tem primeiro que inclinar-se e honrar ao pai e à mãe, visualizar atrás deles os pais de seus pais e assim sucessivamente, pedindo-lhes sua bênção até levá-los com gratidão no coração. Isso é ter raízes firmes e o que supera qualquer medo ou insegurança diante das mudanças, pois quando vêm as ondas de crises, de alguma forma os ancestrais se levantam para apoiar e sustentar, animar para que você não detenha seus passos. Os medos, a dor, a insegurança ou a ignorância podem surgir, mas dessa vez não vão paralisá-lo.

A técnica de Shanti Kai[6] de Cóndor Blanco é uma meditação simples que recorda a quem você deve inclinar-se, de onde vêm seus verdadeiros apoios nesta vida, e fazê-la como disciplina diária, cultivar dentro de você a arte da gratidão semeando pouco a pouco uma proteção ancestral. Fazer essa meditação conecta você não só com o pai e a mãe biológicos, mas com o pai sol e a mãe lua, os princípios universais da criação.

---

[6] Mais informações sobre essa técnica podem ser encontradas no livro *Shanti-Kai*: uma meditação que transforma nosso destino. São Paulo: Cóndor Blanco Ediciones, 2016.

Capítulo II
Do confinamento à liberdade ◂

O que nos afasta de nossas raízes?
De que é composta a nossa prisão?

Poderíamos dizer que existem pessoas amantes das mudanças, que gostam do risco, da novidade e da aventura, e outras que, pelo contrário, preferem o estável, o familiar e o seguro. Porém, quando falamos de uma mudança no nível interno, de padrões, hábitos e estruturas psíquicas, as diferenças se encurtam e podemos detectar em ambas as mesmas resistências.

No final do século XIX Sigmund Freud estabeleceu o termo *mecanismos de defesa* como uma forma que tem a psique de lidar com situações difíceis e diminuir a tensão que se gera. Isso ocorre com o objetivo de manter o equilíbrio interno e até de resolver temporariamente a dificuldade. Sua filha, Anna Freud, apresentou os seguintes mecanismos de defesa (só serão mencionados alguns deles) – repressão, regressão, sublimação, projeção, introjeção, conversão, compensação, racionalização, fixação e formação reativa – como meios de evitar a realidade e, no fundo, a ousadia de crescer, mudar ou aprender a superá-los.

UMA DECISÃO DE VIDA

Vejamos um exemplo de projeção e introjeção que tive um tempo atrás.

Há uns anos chegou a minha cabana uma das pessoas que me acompanham há mais tempo no projeto de Cóndor Blanco para me contar que tinha tomado a decisão de se divorciar. Estamos falando de uma mulher com uma trajetória profissional ampla e impecável e cuja imagem pública é exemplo para centenas de mulheres: ela vivia um casamento de mais de vinte anos e era referência para os que buscavam a felicidade em casal.

Para os olhos dos demais, eles representavam o arquétipo do casal perfeito, o "grande pai e a grande mãe", o "imperador e a imperatriz". Por isso que tomar essa decisão e anunciá-la publicamente era um desafio para ela, era quebrar a esperança e a ilusão não só pessoal mas de muitos ao arrebatar-lhes o sonho do "amor eterno e verdadeiro". Mas as condições não davam mais, estavam cansados um do outro e vi isso claramente em seus olhos.

Carregava o peso de receber por anos a projeção do "casamento ideal", imagem que se viu obrigada a sustentar sem ter pedido e que acabou introjetando-a, assumindo-a, negando, subestimando e passando por cima qualquer dificuldade ou sinal de inconformismo, bloqueando o que na realidade podia estar sucedendo internamente.

Nesse dia, pela primeira vez, vi a possibilidade nela de tirar sua força interna. Vi com clareza sua prisão e a vi sustentar em suas mãos a chave da ousadia enquanto pronunciava suas palavras. Uma decisão como aquela tem um preço, e para ela foi o questionamento de sua carreira, receber comentários diretos e indiretos do sucedido, julgamentos, especulações e opiniões sobre ela e seu ex-marido, porque, no fundo, os que idealizavam seu casamento se sentiriam desapontados, enganados, como quando sucede com as celebridades que consideramos perfeitas e de repente uma notícia negativa quebra a fantasia e as odiamos por isso. Imaginem o peso que devem carregar essas figuras públicas e o dano que o coletivo chega a fazer-lhes por nossas frustrações não cumpridas. Então lhe disse: "Viva e entregue-se a este momento com todo seu ser, porque o que você aprender aqui hoje será ensinado a muitas mulheres amanhã". O que esse casal teve de ousadia ao tomar essa decisão, além da pressão externa e das circunstâncias em que estavam imersos, é um exemplo de como transcendemos os mecanismos de defesa, abaixamos o

> escudo e nos permitimos ver nossa realidade. Depois de assumir a mudança, logo depois de um ano de duelo e assimilação, sua capacidade criativa se amplificou, ela mesma se tornou mais atraente, mais radiante, novos projetos surgiram em sua vida e a forma como transmite seus seminários hoje em dia leva o selo de sua autenticidade porque vem de dentro, do que ela é e viveu, e não do que outros queriam que ela fosse.

A psiquiatra suíço-americana Elisabeth Kübler-Ross explica com clareza os mecanismos de defesa que utilizamos antes de nos adaptar à perda de um ser querido, e esse também é um exemplo do que acontece quando enfrentamos qualquer tipo de situação que não queremos aceitar:

- a negação,
- a raiva,
- a negociação,
- a depressão, e
- a aceitação.

Na **negação** rejeitamos o sucedido negando a mudança que se apresenta e pretendemos continuar como se nada tivesse sucedido. A **raiva** aparece como primeiro sintoma de ver a mudança, não funciona mais negá-la. Surgem então o que reprimimos, geralmente raiva e frustração. Com a **negociação** buscamos uma solução, só que nesse ponto ainda não há aceitação da mudança, continuamos evitando-a e negociamos de maneira evasiva. Depois nos **deprimimos**, porque nos damos conta de que não temos outra alternativa a não ser ver a mudança, mesmo sem a aceitar, mas já sabemos que é inevitável. Até que entramos na etapa da **aceitação**, em que buscamos o equilíbrio ao soltar as resistências buscando novas formas de nos adaptar à situação.

Em minha experiência detectei que as resistências à mudança são consequência tanto de fatores internos como coletivos. A isso tenho chamado de *prisão individual* e de *prisão coletiva*.

Vejamos um pouco de que se trata essas prisões.

A prisão individual

O que há dentro de você que o aprisiona?
Quem vigia a chave da ousadia e não o deixa pegá-la?

Quero lançar um novo projeto, mas e se fracassar? Quero viajar, mas e se o avião cair? Quero convidar essa mulher para sair, mas talvez me diga não, e se partir meu coração? Quero pedir um empréstimo e investir nessa nova casa de que gostei, mas e se não puder pagar a dívida? Quero ir a essa montanha, mas e o frio? O incômodo? Sei que preciso deixar de fumar, mas amanhã tentarei de novo, e na segunda-feira começo a dieta.

Você já teve pensamentos similares? Houve situações em que puxou o freio de mão e se encheu de desculpas antes de tentar?

Em geral, quando se aproxima uma mudança, internamente nossa primeira reação é de oposição, em ocasiões inconscientes, devido a emoções reprimidas que ameaçam quebrar o equilíbrio interno. O instinto de sobrevivência leva a manter, custe o que custar, aquilo que lhe é conhecido.

Nessa dinâmica, descobri que nossa prisão individual está composta de **sete defesas contra a mudança** que se ativam a nível dos chacras, como se cada ponto energético se pusesse em alerta quando nos vemos em uma situação crítica. Essas defesas são: preguiça, medo ou raiva, insegurança, dor, negatividade, ignorância e desconexão.

SETE DEFESAS CONTRA A MUDANÇA

1. **Preguiça:** de começar de novo, de ter de fazer o esforço de renovar-se, de perder o benefício que você tinha. Não se quer sair da zona de conforto e gastar energia, prefere-se a comodidade da situação por mais estancada que esteja. "A mudança não me interessa."

2. **Medo/Raiva:** diante da novidade, do desconhecido e do incerto, de que saia sua sombra se você se atrever a fazer algo diferente. Diante de uma situação ameaçadora, nosso sistema se congela, fugimos ou atacamos. "Rejeição à mudança."

3. **Insegurança:** de ter de tomar uma decisão, de assumir a responsabilidade do que fizermos, de confiar nos sinais da vida, de sentir-se sem bases ao sair da zona conhecida, de não saber para onde levará todo esse movimento. "Meus apoios desaparecem com a mudança."

4. **Dor:** de soltar o conhecido, de ter de desapegar-se disso que você quer, de aceitar que a situação não pode continuar igual. Você sabe que há um custo emocional diante da mudança, por isso a evita. "Sofro com a mudança."

5. **Negatividade:** de que a mudança o converta em alguém de que você não gosta, de que o resultado não será benéfico, de que destruirá a imagem que você tem de si mesmo, de que tudo sairá mal se der um passo em falso. Desconfiança no futuro. "Tudo se desfará se eu mudar."

6. **Ignorância:** de ser consciente de que há oportunidade de crescer com a mudança, de reconhecer a natureza intrínseca no ser humano de que evoluímos com as crises e as mudanças. "Eu não acredito nas mudanças."

7. **Desconexão:** de suas raízes e de sua parte divina, do propósito de seu destino, do fluir na espiral da vida. Do por que e para que estamos nesta vida. "Perderei o sentido de minha vida se eu mudar."

Por preguiça ou inércia, não nos movemos em direção à evolução. Só nos queixamos do que nos acontece e não fazemos nenhum esforço para mudar; por medo fechamos os olhos e nos limitamos a ver o que nos convém; por insegurança nos comparamos com os demais gerando sentimentos de inveja, ciúmes e competitividade; por negatividade nos tiramos a possibilidade de arrancar nossos talentos adormecidos; por ignorância nos convertemos em vítimas do que nos acontece, depositando a responsabilidade em outros e fazendo-os se sentir culpados do que não assumimos, até nos desconectar e nos render à prisão que nós mesmos criamos.

Assim, vamos alimentando esta cela individual, afastando-nos cada vez mais de nós mesmos e dos demais.

Agora vejamos: você poderia detectar as defesas que mais se ativam dentro de si na hora de enfrentar uma mudança?

Uma forma prática de fazer isso é avaliando a mandala das *quatro fases da vida*.

As quatro fases da vida

Dentro do método Cóndor Blanco, no qual nos aprofundaremos mais adiante, trabalhamos com as mandalas da vida como uma forma de avaliar o mundo interno. A mandala ou a chakana das quatro fases da vida ou idades arquetípicas (criança, adolescente, adulto e ancião) reflete as defesas que ativamos nos momentos de crises ou mudança. Estas fases não estão limitadas à idade física, mas ao momento e ao estado em que se encontra a alma.

Vejamos a mandala detalhadamente:

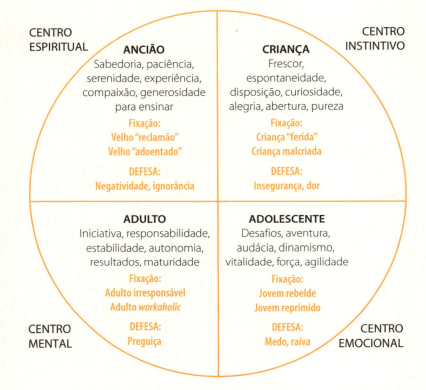

AVALIAÇÃO DA MANDALA
Detectando as defesas

Observe a mandala por uns instantes e avalie seus momentos de crises:

▶ Com qual fase você se identifica mais?
▶ Em qual quadrante você se colocaria? Você reage como uma criança malcriada com petulância? Ou como um adolescente rebelde sem causa? Você vê em si o adulto irresponsável ou viciado em trabalho? Ou se reconhece em um velho reclamão, justificando sua inércia com o cansaço?

> ▶ Em qual fase você reage com mais maturidade? Sua espontaneidade e disposição ajudam? Ou sua vitalidade e entusiasmo? É sua sensatez e objetividade o que o sustenta? Ou sua experiência e um caminho de vida no qual você nutre seu espírito?
> ▶ Você considera que seu ponto frágil é instintivo, emocional, mental ou espiritual?
> ▶ Você pode detectar suas fortalezas para apoiar outras pessoas a trabalhar as próprias resistências?
> ▶ Vendo seu potencial, como você pode ajudar a si mesmo a desenvolvê-lo?

Todos levamos as quatro fases em nosso interior, e em algumas situações se acentuam umas mais que outras, mas em geral em nossa natureza prevalece uma sobre as demais.

A **criança** representa o centro instintivo por ser a idade de maior desenvolvimento físico e psicoemocional. As defesas que se semeiam nessa fase são principalmente a **insegurança** e a **dor**. Se cultivamos uma criança ferida ou malcriada, que se sente desprotegida e indefesa ou atua com capricho e drama, sua autoestima em todos os casos será baixa, então a insegurança e o primeiro trauma ou dor ficam gravados em seu ser. Sem o poder pessoal (o pai) surge a defesa da insegurança. Sem o amor próprio (a mãe) surge a defesa da dor.

O **adolescente** representa o centro emocional, é a fase do explorar e viver novas sensações, é a etapa de apaixonar-se, da aventura. Se está aflito, o jovem reprimido ou o rebelde se evidencia com sua defesa principal: o medo ou a raiva. Se o jovem rebelde toma o controle, sua raiva se converte em ressentimento, consolidando um ego arrogante que não se compromete a nada e sabota o processo. Se é o jovem reprimido o que se instala, então o medo se levanta como defesa principal, dificultando a capacidade de posicionar-se no mundo e expressar-se com autenticidade.

Se nos aprofundamos um pouco mais nessas reações, podemos dizer que o jovem reprimido deposita sua raiva no inconsciente e o rebelde no fundo o que faz é colocar uma máscara para camuflar o medo que o assedia.

O **adulto** representa o centro mental, em que já ganhou experiência e sua estrutura psíquica o brinda com a oportunidade de equilibrar sua vida, tomar responsabilidade dela e dar-lhe direção. Se seu nível de maturidade não consegue se consolidar, o adulto irresponsável sai à luz, comportando-se como uma criança ou adolescente eterno ativando a defesa da preguiça. Se fica obcecado em obter conquistas, se deixa se impregnar pela ambição de escalar na vida seja por *status* ou dinheiro, o adulto *workaholic* se manifesta, bloqueando ou anestesiando a possibilidade de se desenvolver e amadurecer emocional e espiritualmente.

O **ancião** que viveu as etapas anteriores em plenitude e de maneira saudável adquire então sabedoria. Sua experiência é um néctar para quem tem a oportunidade de escutá-lo e conhecê-lo. É um ser que se deu a permissão de viver plenamente pelo que o temor à morte não o consume; o ancião está então em seu centro espiritual.

Quando o processo das fases anteriores não ocorreu de maneira equilibrada, esse ancião se transforma em um velho reclamão ou adoentado, que culpa a todos ou vê o negativo em tudo, ou se queixa de suas doenças anunciando sua morte todos os dias. A negatividade e a ignorância governam sua vida e não o deixam alcançar o estado de paz e silêncio interno que nesta fase há de despertar.

À minha organização chegam pessoas de 60 anos com o adolescente interno muito desenvolvido. Tenho um antigo membro de minha organização com mais de 60 anos que todos os anos chega à montanha com o entusiasmo vivo; a primeira coisa que faz é entrar no rio mesmo que esteja chovendo; ele não perde a caminhada ecológica, acorda antes de que saia o Sol e anima com sua alegria outras pessoas a receber o amanhecer junto dele, lida com o arco e a flecha com uma destreza admirável, é o primeiro a chegar para os exercícios matutinos e o último a deitar-se para dormir, não se esquece de ninguém, conhece todos e a todos está atento, superando em energia os jovenzinhos de cara pálida e sem vitalidade consumidos por seus telefones. Esse homem não tem medo de mudar, não se sente inseguro pela novidade; pelo contrário, a abraça, é positivo até nos momentos críticos, é um homem que vibra com seu adolescente interno aonde for e eleva os demais com os raios de Sol que honram cada manhã através de seu ancião interno.

Também vi jovens que chegam a minhas conferências e descubro em seus olhares uma sabedoria. E recebo em suas perguntas carregadas de profundidade e interesse por compreender o sentido da vida e conectar-se com algo elevado. Apesar da pouca idade, eles têm um desejo genuíno de ajudar a fazer deste mundo algo melhor; seu adulto e seu ancião interno os tornam mais integrados que outros de mais de 50 anos que seguem nos mesmos conflitos e apegos de sempre, revelando a criança ferida e malcriada que levam dentro de si e que não se deram o trabalho de sanar por medo, preguiça ou ignorância.

Ao detectar nossas defesas mais comuns podemos ver a fase da vida que temos afligida. Por exemplo, se é o medo o que se instala no momento de mudar, então a criança ferida está querendo nos dizer algo. Se é a apatia ou a preguiça, o adolescente conformista está se manifestando; ou se é por não querer assumir a mudança, há um adulto interno que não quer amadurecer e tomar as rédeas da própria vida. Se renegamos, nos queixamos, culpando a sociedade e o mundo pelo que nos acontece, nos comportamos como velhinhos amargurados na hora de enfrentar uma mudança, e é o ancião interior que se deve trabalhar.

Assim podemos fazer uma avaliação de nossas quatro fases da vida e localizar em qual parte se alojam nossas defesas mais comuns contra a mudança.

É importante saber que, para sair desta prisão individual, devemos compreender que essas defesas não são nossos inimigos, pelo contrário, são mensageiros que nos advertem e nos mostram o caminho.

A prisão coletiva

Quais são os mandatos que você segue?
Quais são as crenças sociais e culturais que o aprisionam?
Qual é a sombra coletiva a que você se submete?

"Uma ditadura perfeita teria a aparência de uma democracia, mas seria basicamente uma prisão sem muros na qual os presos nem sequer sonhariam em escapar. Seria essencialmente um sistema de escravidão, no qual, graças ao consumo e ao entretenimento, os escravos amariam sua servidão."

Aldous Houxley, Um mundo feliz.

Há uma prisão que envolve a todos como raça humana, que vai mais além do que provocamos internamente e do que herdamos de nossos pais, avós e parentes próximos. A história da humanidade nos pesa, o sistema dentro do qual vivemos está desenhado para cortar nossas asas, nos obriga a voar mais baixo e nos submete, como uma forma de controlar as massas. Gostemos ou não, fazemos parte de uma prisão global, nascemos nela e alguns nem sequer se deram conta, pois esta se encarregou de nos manter coletivamente **intoxicados, assustados, distraídos** e **adormecidos**.

Estamos fisicamente intoxicados pela comida sintética e transgênica, pelos produtos químicos e medicamentos, emocionalmente assustados pelas notícias aterradoras que vemos todos os dias, as guerras que se anunciam, as novas doenças e os vírus, pelo sentimento de carência ou a falta de dinheiro em um mundo consumista.

Estamos mentalmente distraídos pelas redes sociais e por todos os meios de comunicação que existem, e espiritualmente adormecidos, sendo este o golpe final, em que a desconexão com o sentido da vida desaparece e nos esquecemos do motivo pelo qual estamos aqui e, pior ainda, nos esquecemos graças a quem estamos vivos. Nossa inconsciência chegou ao ponto de acabar com nossos recursos, em que o principal afetado é nosso planeta. Em palavras de Carl Sagan:

"Nosso encantador planeta azul, a Terra, é a única casa que conhecemos. Vênus é muito quente, Marte é muito frio. Mas a Terra está no ponto justo, e é um paraíso para os humanos. Foi aqui, finalmente e afinal de contas, onde evoluímos. Mas nosso agradável clima pode ser instável. Estamos perturbando nosso próprio planeta de um modo sério e contraditório. Existe o perigo de levar o ambiente da Terra ao inferno planetário de Vênus ou à eterna era glacial de Marte? A resposta simples é que ninguém o sabe."[7]

O que descobri é que não só o mundo está acabando, mas o ser humano também está se destruindo. Por quê? Porque

---

[7] SAGAN, Carl. *Cosmos*. Barcelona: Editorial Planeta, 2004. Tradução livre do autor.

somos fragmentos dos indivíduos antigos. Damos nosso poder ao externo. Entregamos nosso corpo ao médico e aos remédios, nossa mente ao psicólogo, às crenças impostas, às notícias e aos meios de comunicação; e nosso coração é dominado por quem nos apaixonamos e quem idealizamos; nossa alma é entregue ao sacerdote, à igreja e à religião; e assim vamos fracionando nossa vida sem nos dar conta, e desaparece pouco a pouco nossa "força primordial" para liderar nossa vida e assumi-la. Onde fica a autonomia?

Ser responsável é "saber responder à vida", mas estamos nos tornando dependentes do externo, revelando nossa miséria e esquecimento interno.

A força vital, a valentia, o foco, a mente clara e profunda, o método para conseguir o que se quer ficam nublados, assim como a capacidade de sentir o outro e criar espaços de proximidade e intimidade.

Então não resta mais alternativa além de nos submeter à sombra coletiva e nos unir ao rebanho dos inconscientes.

Entre os diversos fatores que nos envolvem dentro dessa prisão coletiva, quero destacar quatro que a meu modo de ver predominam.

O patriarcado

O equilíbrio quebrado produz medo ao homem. O medo é a disposição anímica fundamental do homem patriarcal. Absurdamente, o homem regula todo o sistema com o medo.

Ele tem medo do desenvolvimento humano, medo do trabalho, medo diante de toda mudança, medo de ser diferente dos demais, medo de amar, medo de morrer.

Além disso, tem e cria angústias mediante múltiplas proibições. O patriarcado trata de dominar a vida ameaçando-a com a morte.

As invenções do homem se tornam cada vez mais assustadoras e raras vezes servem realmente à humanidade.

Lola Hoffmann,[8] Encontros com Lola Hoffman

A história da humanidade tem levado a uma divisão dos sexos, à criação de uma estrutura social em que o gênero masculino domina a mulher, os jovens e as crianças.

A história se encarregou de treinar o homem como figura dominante, reduzindo as capacidades e a energia do gênero feminino à reprodução, a proporcionar alimento e ser um complemento do homem, induzindo-a ao modo de pensamento patriarcal.

Os poderes político, religioso e econômico ficam ao mando dos homens, tachando de feministas as mulheres que advogam por seus direitos e colocando em questão suas capacidades e sua presença em diferentes áreas que o homem liderou. No Chile, os dados do Serviço Nacional da Mulher (Sernam) revelam que uma em cada três mulheres é agredida fisicamente por seu parceiro ou seu ex-parceiro, e o mais preocupante é que a violência começa na primeira fase da relação, na qual se supõe que seja a etapa romântica. A oficina das Nações Unidas contra a droga e o delito (UNODC) reportou recentemente que cerca de 95% dos homicídios são causados pelo gênero masculino. No Brasil, a taxa de feminicídios é de 4,8 para 100 mil mulheres – a quinta maior no mundo, segundo dados da Organização Mundial da Saúde (OMS).[9]

---

[8] VERGARA, Delia. *Encuentros con Lola Hoffmann*. Santiago: Editorial Catalonia 2003. Tradução livre do autor.

[9] Disponível em: <https://nacoesunidas.org/onu-feminicidio-brasil-quinto-maior-mundo-diretrizes-nacionais-buscam-solucao/>. Acesso em: 26 mar. 2018. Tradução livre do autor.

Vendo tais resultados me pergunto: a violência nasce no homem ou é construída? Terá algo a ver a história do patriarcado que vem presente desde os últimos 6.000 anos? Terá influência o fato de que desde a era do neolítico o gênero masculino decida conquistar territórios por meio de guerras? E que as mulheres pagaram o preço sendo violentadas e raptadas?

Em uma entrevista à BBC Mundo[10] o professor de psicologia e criminologia Antonio Andrés Pueyo, da Universidade de Barcelona, disse: "A testosterona parece explicar em parte que a maioria dos assassinatos tenha sido cometida por homens jovens. Mas em outros casos, como por exemplo na relação de casal, pesam outros fatores não tão biológicos".

Ele e outros especialistas no tema asseguram que os fatores culturais, sociais e políticos têm um peso significativo sobre essas estatísticas, mostrando que desde pequenos os homens são socialmente aprovados e recompensados se são dominantes e se têm uma composição física forte, e são ridicularizados se ocorre o contrário, quando se mostram sensíveis, ternos e se sua contextura é débil.

Fomos criados em uma sociedade desigual, com crenças gravadas em nosso inconsciente que souberam permanecer até nossos dias e os esforços por mudá-las nos tomaram décadas. Sim, é um fato que a vida muda constantemente, há padrões dentro da cultura que se mantêm enraizados no inconsciente coletivo e qualquer tentativa de mudança se converte em um desafio e uma frustração para os menos favorecidos.

---

[10] RODRIGUEZ, Margarita. Por que os homens são responsáveis por 95% dos homicídios no mundo? *BBC Mundo*, 24 out. 2016. Disponível em: <http://www.bbc.com/portuguese/internacional-37730441>. Acesso em: 26 mar. 2018.

Pode-se dizer que à mulher se abriu mais a possibilidade de entrar nos espaços "masculinos" só que com a condição de manter os preceitos patriarcais, deixando de lado sua energia feminina e acentuando a competitividade, o autoritarismo, a ambição pelo poder e a insensibilidade perante as necessidades dos demais. Transformar o patriarcado pode levar séculos, e isso continuará sendo um peso que altera a harmonia da humanidade promovendo a grosseria, a dominação e destruição do homem à mulher, aos jovens e às crianças, ou seja, contra a maior parte da população.

A educação

O sistema educativo é uma organização de segunda fila, estilo fábrica, que bombeia informação obsoleta, de formas obsoletas, em escolas que não estão conectadas ao futuro das crianças.

Alvin Toffler[11]

Fomos educados durante toda a nossa vida para seguir um modelo social. Desde pequenos nos instruem para obedecer e não para criar.

Os sistemas educativos colocam ênfase no hemisfério esquerdo onde a intelectualização é precipitada, estimulando a memória, o acúmulo de dados e as tarefas excessivas para casa, deixando pouco ou nada de espaço para a criatividade e a imaginação, o lúdico, o conhecer a própria natureza e os talentos inatos: tudo isso é sinônimo de liberdade, e portanto uma ameaça para o sistema.

---

[11] SAMSO, R. *El código del dinero*. Tradução livre do autor. Barcelona: Ediciones Obelisco, 2009, p. 50.

As crianças de hoje, ao terem acesso imediato aos meios visuais, à TV, à internet, aos videogames, ao iPad, ficam muito mais entretidas nessas atividades do que se sentarem para memorizar informação morta no colégio. Como motivar as crianças e evitar que percam essa etapa de suas vidas no mundo ilusório da televisão? Como oferecer-lhes uma educação integrada que as prepare realmente para a vida? Que mantenham presente sua autenticidade? Como mostrar-lhes que existe a possibilidade de sair da prisão coletiva desde pequenas?

Mark Twain disse: "Nunca deixei que a escola interferisse em minha educação".[12] E essa é a tentativa de alguns movimentos alternativos de educação, como o Montessori e o Waldorf, que diferem dos sistemas educativos tradicionais em uma tentativa de dar solução a esses questionamentos e para que as crianças tenham uma educação em que possam exercer sua vida em liberdade.

Michael Moore, o famoso e controverso documentarista americano, expõe em seu mais recente filme por que a educação na Finlândia desenvolve os melhores estudantes do mundo.[13]

Ao serem entrevistados, os jovens asseguram que dispendem dez minutos para fazer suas tarefas, e que eles praticamente não têm tarefas, pois os professores as consideram obsoletas e priorizam o estar juntos, o compartilhar, estar na família, praticar esporte, subir em árvores. As crianças vão de três a quatro horas diárias ao colégio, pois asseguram que o cérebro deve descansar e não ser estressado. As escolas são todas públicas, as privadas não existem, porque os pais ricos se asseguram

---

[12] TWAIN, Mark. Apud SAMSO, R. *El código del dinero*. Tradução livre do autor. Barcelona: Ediciones Obelisco, 2009, p. 49.
[13] MOORE, Michael. El éxito educativo en Finlandia. *Grupo Competir*, 1º ago. 2016. Disponível em: <https://www.youtube.com/watch?v=2HGu5zyq5yI>. Acesso em: 18 mar. 2018. Tradução livre do autor.

de que seus filhos estudem em um bom colégio e cresçam com crianças de todas as classes sociais. Descartam as provas padronizadas, valorizam a opinião pessoal. E estamos falando de jovens que falam mais de quatro idiomas.

Submeter as crianças a um sistema limitante como o atual é cortar suas asas antes de que estas apareçam. A educação se encarregou de suprir-lhes a capacidade de sentir e escutar a si mesmas, de estabelecer o contato e a comunicação com o corpo e o reconhecimento de seu espaço pessoal, do saber colocar e reconhecer limites.

Porém, como pais e professores ficamos apreensivos porque nós mesmos não sabemos o que é estar em liberdade. Como nos tiraram essa possibilidade, não a pudemos viver e não sabemos o que é uma aprendizagem livre.

Sem proteger a infância, considerando que só é vivida uma vez e é uma etapa muito curta, caso seja perdida, o destino é deixado em face da prisão coletiva dos intoxicados, assustados, distraídos e adormecidos, sem mais remédio para apagar os sonhos e vestir o traje de ovelha.

A religião

> *Você é irrelevante, suas crenças são irrelevantes. É meramente uma casualidade que você tenha nascido em um lugar e outra pessoa tenha nascido em outro lugar. É só uma casualidade. Sua religião é uma casualidade, por isso não se prenda a ela.*
>
> *Osho*[14]

Buda talvez tenha sido o primeiro a ver a prisão coletiva. Homens como ele, Lao Tsé-Tung e Jesus se adiantaram a sua

---

[14] OSHO. *El libro de los secretos*. Tradução livre do autor. Madrid: Gaia Ediciones, 1999, p. 24.

época, porque suas mensagens não foram compreendidas e se distorceram através das gerações.

Com a rejeição ou o fanatismo que foi surgindo ao redor dos ensinamentos destes e de outros mestres, gerou-se uma divisão e com ela a desconfiança, a culpa, a manipulação, o que converteu um elemento de emancipação focado no despertar da humanidade em mais uma fonte de aprisionamento: a religião, que se empossa como fonte de respostas à busca espiritual, e com ela se instalam as guerras, o jogo de matar uns aos outros. Basta ver as notícias para se dar conta do que a humanidade é capaz de fazer em nome da religião, em que a fé não só move montanhas mas também exércitos, evangelizações forçosas, invasões, perseguições, expatriações, ataques maciços, imolações e muito mais.

Julgar, reprimir, condenar, torturar, escravizar e matar para defender uma doutrina e um deus como o único e verdadeiro nos afastou do propósito verdadeiro pelo qual deram sua vida esses mestres com sua mensagem simples e clara: a busca da verdade interior.

Com a religião, a alma também fica oprimida, completando a jogada perfeita dessa prisão coletiva, em que, a menos que tentemos sair dela, não poderemos ver a diferença entre religião e espiritualidade, não poderemos ver a verdade interna da qual falavam esses seres iluminados.

Ciência e tecnologia

> *O aspecto mais triste da vida neste preciso momento*
> *é que a ciência reúne o conhecimento mais rápido*
> *do que a sociedade reúne a sabedoria.*

Isaac Asimov[15]

---

[15] ASIMOV, Isaac & Jason, A. *Shulman's Isaac Asimov's Book of Science and Nature Questions*. Tradução livre do autor. New York: Weidenfeld & Nicolson, 1988, p. 281.

Imersos na era da internet em que aparentemente nos conectamos com mais facilidade e rapidez, o preço que pagamos é uma desconexão interna com nossa capacidade de estabelecer intimidade com o outro e com nossos sentimentos.

Somos devorados pelo mundo das aparências e passamos os dias preocupados em mostrar algo em uma *selfie*, em uma foto perfeita com uma paisagem idílica de fundo, ou em uma frase profunda que encontramos por aí, criando uma dependência dos *likes* e dos comentários, da aprovação e da opinião externa.

Damos mais peso ao olhar do outro e tiramos poder do olhar interno.

Queremos o que vemos fora e supomos o que faz feliz aos demais. Férias, um carro novo, roupa da moda, o casamento perfeito, o corpo perfeito e assim vamos construindo nosso castelo de areia que as ondas da vida alcançarão em algum momento para derrubá-lo e revelar a miséria interna na qual estamos.

Noam Chomsky[16] disse que uma das melhores formas de controlar as pessoas em termos de atitudes é pegando-as por meio do consumismo, em que as jovens gastam seu tempo livre em shoppings em vez de entrar em uma biblioteca.

A forma ideal de sustentar tal mentira é por meio da "publicidade livre", em que se controla toda a humanidade instalando o sistema perfeito. A sociedade consegue então nos impor uma felicidade que não é certa. Como bem disse Will Rogers: "Muitas pessoas gastam dinheiro que não ganharam, para comprar coisas que não desejam, para impressionar pessoas de que não gostam".[17]

---

[16] CHOMSKY, N. Publicidad: es mas sencillo crear consumidores que someter esclavos. *Radio EBR*, 29 maio 2017. Disponível em: <https://www.youtube.com/watch?v=-Hhkr9_FyI8>.

[17] GUERRERO, Juan Antonio. *Coaching para conseguir tu Libertad Financiera*. Tradução livre do autor. Madrid: Mestas Ediciones, 2014.

Não podemos ignorar, há um grande aumento da tecnologia e da inteligência artificial, sendo mudanças que transformam tudo e têm seu lado positivo. Obtemos soluções para o meio ambiente, formas alternativas de energia, tratamentos médicos fantásticos, alimentos já são produzidos em laboratórios e não haverá mais dano ambiental provocado pela pecuária extensiva.

Mas em quais tipos de seres humanos estamos evoluindo?

Qual é o preço que estamos pagando?

Já Sofia demonstrou ser um robô com sentimentos, mas tudo é aparência e fruto da programação. Sofia é um robô criado em 2015 pela companhia Hanson Robotics de Hong Kong. Tem a capacidade de monitorar mais de 62 expressões faciais, e seu comportamento e aparência são o mais semelhante que já se criou à imagem do ser humano. Ao ser entrevistada, surpreendeu ao mundo por suas elegantes e eloquentes respostas e é a primeira robô a receber uma cidadania.

Estamos correndo um grande risco: se não considerarmos com consciência esses passos agigantados da tecnologia, ela mesma irá apagando como um laser as marcas que nos levam de volta à nossa natureza primordial.

Ou, em palavras do escritor e poeta americano Henry David Thoreau: "Os homens se converteram nas ferramentas de suas ferramentas".[18]

Eu me pergunto, então, como fazer uma transição saudável diante dessa diversidade de avanços? Quem é você realmente? Nunca antes esteve tão presente esta pergunta. E não há vida significativa nem progresso ou evolução relevante sem responder à pergunta milenária: *Quem sou eu?*

---

[18] THOREAU, H. *Walden, ou a vida nos bosques.* São Paulo: Editora Ground, 2007.

Vamos abrir as portas à tecnologia, é parte de nossa evolução e de nossa ousadia para acolher as mudanças, mas recordemos sempre o caminho de volta, não nos convertamos em vítimas de nosso próprio invento, ao ponto de que se apague nossa última célula original e terminemos todos no clã da robô Sofia.

Depois de sua iluminação, Buda passou seu ensinamento incansavelmente percorrendo a Índia por 45 anos.

Cumpridos os 80 anos, aproximou-se de seu fiel seguidor, seu discípulo mais próximo, Ananda, e anunciou que chegava a hora de sua partida. Sua missão estava concluída. Adoeceu em Kushinagara, perto de sua terra natal, ao ingerir alimentos em mau estado. Decidiu então adentrar o bosque e em profunda meditação deixou seu corpo, não sem antes pronunciar suas últimas palavras:

> *Não cometam mal algum, façam o bem*
> *e purifiquem a própria mente:*
> *Este é o ensinamento dos seres despertos.*[19]

---

[19] LANDAW, J. *El principe sidarta*: la historia del Buda. Tradução livre do autor. Alicante: Ediciones Dharma, 2011.

Capítulo III
Ponto de ruptura ◂

Qual é a origem do universo?
Por que existimos?
De onde viemos?
Para onde vamos?

O universo é um enigma misterioso.

O universo que chamou a atenção dos sábios antigos e modernos, dando vida a importantes descobrimentos em âmbitos como a Física, a Química, a Medicina, a espiritualidade e tantas outras áreas do saber.

A complexidade do universo permitiu à humanidade criar paradigmas disruptivos que revolucionam drasticamente nossa concepção do mundo e da natureza. Imagine o que significou para o ser humano, acostumado durante séculos a habitar no centro do universo, descobrir que a Terra girava em torno do Sol?

Em busca do conhecimento, a humanidade se equilibrou entre o idealismo e o materialismo; entre as aproximações animistas do mundo que dotam de alma os objetos e elementos da natureza, ou as teorias estáticas e deterministas que concebem esta última como um objeto de estudo manipulável e previsível. Ou as teorias fenomenológicas e humanistas em que o aspecto subjetivo cobra importância; ou também teorias, em que o acaso e o caos ocupam um lugar na explicação do universo.

Na tentativa de compreender a complexidade na qual estamos imersos, são muitos os paradoxos e descobrimentos contraditórios que revolucionaram a humanidade, criando rupturas na história da ciência e no desenvolvimento da cultura.

Porém, são precisamente esses pontos de quebra de paradigmas que nos permitiram empreender grandes saltos no conhecimento e no progresso da humanidade.

Esse mistério universal é o que nos impulsiona a buscar o propósito da vida, a empreender um processo de superação, desenvolvimento, evolução e transformação interna.

Tive uma experiência precoce que me levou a beber uma gota desse oceano infinito.

Aos 8 anos eu me encontrava sob o céu de uma noite estrelada caminhando com minha avó em meio à natureza frondosa na região do sul do Chile. Nesse tempo não usávamos lanternas porque, para os nativos, a noite é o momento de despertar os sentidos internos que se veem apagados durante o dia com tantas distrações e atividades nas quais estamos dispersos. Ao submergir-me nessa receptividade e nesse silêncio depois de um dia de trabalho intenso no campo, era meu momento mais apreciado de descanso e contemplação, e o de minha avó também, pois me ensinou uma maneira de caminhar, alternando o olhar, os passos e a respiração. Primeiro com os olhos semicerrados para acostumar-se à escuridão e depois bem abertos.

Logo depois de várias práticas falhas, em meia hora se produziu algo assombroso. Mais adiante eu compreenderia que a esse estado natural e unificado do ser se daria o nome de "meditação".

O ritmo harmonioso dos grilos e vagalumes, penetrado pelo eco distante e intermitente do som das corujas, ecoava em meu espírito nesse mantra milenar que a natureza canta como louvor à vida. Um Om mais musical e expandido que calou totalmente o ruído do ego instintivo, emocional e mental. Meus sentidos se expandiam sem limites, apagando as fronteiras de meu corpo e dissolvendo as barreiras do eu limitado.

Os ensinamentos da anciã se tornaram uma experiência e esta se voltou como consciência, que foi se amplificando até que me senti absorvido por uma força imensa e total. O pequeno ser se dissolveu no céu e nas estrelas que brilhavam como pérolas na via láctea e só existia o universo vibrante em sua totalidade.

Nesse estado de expansão escutei ressoar a doce voz de minha avó perguntando-me: "O que você quer ser quando crescer?".

Sem poder pronunciar palavra alguma nem sequer balbuciar algum som, ia sentindo a consciência individual encarnando gradualmente em cada um de meus corpos, nesta experiência humana chamada vida. Impactado por tal momento incompreensível para a mente, apontei com meus braços para o céu e respondi: "Isso, vó. Quero ser isso (referindo-me à totalidade)".

Depois de um longo silêncio, minha avó me convidou a tomar o caminho de regresso, transmitindo-me o que os antigos sempre falavam: "É na noite mais escura onde as estrelas podem brilhar".

Nesse processo pessoal de transformação e em minha experiência de mais de quarenta anos trabalhando com pessoas que buscam uma vida com significado, uma vida valiosa, esse ensinamento foi uma pérola de conhecimento porque o caminho do desenvolvimento interno também está cheio de paradoxos e contradições.

Quando cremos que avançamos anos-luz em autoconsciência depois de um árduo processo de terapias, cursos e treinamentos, parece que nos encontramos no mesmo ponto de partida.

Ao reviver e vivenciar outra vez velhas feridas da infância, enfrentamos nossos medos, removendo o sentimento de vazio existencial, repetindo padrões emocionais de dependência e apego ou nos envolvendo uma vez mais na típica relação amorosa do triângulo dramático do tirano, da vítima ou do salvador.

Às vezes parece que quanto mais consciência levarmos a nosso interior, mais os inimigos internos saem de seu esconderijo fazendo visível nossas sombras; e quanto mais próximo estivermos da liberdade – me refiro à verdadeira, a liberação do medo, do ego e da ignorância – mais árdua se faz a noite escura da alma.

Muitas pessoas chegam buscando ferramentas de superação e crescimento pessoal e até de evolução. Nesses momentos de cansaço, crises e ruptura, aqueles em que sentimos que tudo está perdido, surgem as melhores oportunidades para aprender as lições da vida e ampliar nosso campo de consciência, de expandir nossos limites e dissolver a ignorância, transformando-a em luz.

Muitos entendemos que atualmente estamos atravessando um período caótico e de escuridão: corrupção, desigualdade, degradação de valores e um iminente desequilíbrio ecológico que ameaça o futuro da humanidade. Neste ponto poderíamos nos perguntar como as estrelas podem brilhar em meio a tantos desafios coletivos?

Estamos presenciando um jogo palpável de contradições.

O que inicialmente foi criado para facilitar nossa vida tornou-a complexa porque quanto mais conforto e descobrimentos tecnológicos temos, mais nos afastamos da fonte de felicidade. Os dias, minutos e segundos parecem curtos para poder digerir a miríade de informação à qual nos vemos expostos todos os dias e o preço que estamos pagando pelo conforto e pelo progresso é o sacrifício da qualidade de vida: nos foram arrebatados os espaços de reflexão e silêncio para poder desfrutar da vida, contemplar a natureza, cultivar relações verdadeiras e estar em conexão com nós mesmos.

Os antigos não tinham internet, aviões nem *startups*, mas podiam desfrutar das estrelas, respirar ar puro, nutrir-se de alimentos saudáveis e compartilhar ao redor do fogo o amor de sua tribo.

Valeria a pena nos questionar: em vez de evoluir, estaremos regredindo?
O que estamos fazendo de errado?
Será que em vez de avançar estamos retrocedendo?

Se nos apegássemos a um ponto de vista linear poderíamos julgar esses feitos como um retrocesso, mas se compreendemos que a dinâmica da evolução se move em espiral e que os desafios são imprescindíveis para poder desdobrar um processo de mudança, será mais viável considerar esses pontos de ruptura como momentos significativos e determinantes em nosso crescimento individual e coletivo.

Indagaremos agora sobre o valor desses pontos de ruptura acudindo à cosmologia antiga, à visão da ciência moderna e à visão contemporânea da dinâmica da evolução.

O caos: um catalisador da mudança

É necessário levar em si mesmo um caos para colocar no mundo uma estrela dançante.[20]

Nietzsche

Diante do caos existem duas possibilidades: a destruição ou a renovação.

As crises são bênçãos disfarçadas que na superfície se mostram como problemas, catástrofes e calamidades, mas que no fundo resguardam o presente de fazer brilhar nosso potencial mais precioso. O caos nos impulsiona a crescer, nos convida a criar, a inovar e a expandir. Se ficamos estancados na inércia, na preguiça e na negatividade nos veremos subjugados pelos problemas e dificuldades direcionando-nos até o congelamento ou a destruição. Mas se sabemos aproveitar os desafios e aprendemos a surfar com as ondas da mudança, podemos dar o salto para uma nova realidade e fazer brilhar nossa "estrela dançante".

---

[20] NIETZSCHE, Friedrich. *Así habló Zaratustra*. Tradução livre do autor. Madrid: Valdemar, 2005.

O caos dentro da cosmogonia antiga

No coração da cosmogonia antiga encontram-se as primeiras explicações da teoria do caos como origem do universo. Veremos refletidas nessa visão alguns paralelismos com as teorias da física moderna que abordaremos adiante.

Segundo os Vedas, os livros sagrados e mais antigos da Índia, o universo segue um padrão de repetição cíclica com seus processos de criação, manutenção e destruição. Diferentemente da cosmogonia grega que concebe o universo como infinito, a filosofia oriental salienta que o universo tem um princípio e um final, designando como *mahakalpa* a medida de tempo no qual um ciclo universal tem lugar.

Um *mahakalpa* se divide em quatro etapas:

- ▶ período de formação do mundo;
- ▶ período de estabilidade e prosperidade;
- ▶ período de destruição e dissolução;
- ▶ período de vazio antes da criação.

Os ritmos da existência se encontram representados pela tríade de divindades arquetípicas que ocupam um lugar muito importante dentro da tradição hindu: Brahma, Vishnu e Shiva.

No início o universo estaria em um estado de consciência absoluta, indefinível e sem atributos até que uma força em estado latente chegou a ter consciência de si mesma desatando a criação. Recebeu o nome de Brahma essa força criadora do universo e de todos os deuses, seres e mundos contidos nele. Brahma é considerado o avô da existência, semelhante ao "grande espírito" para os índios estadunidenses, a quem se atribui a tarefa de formar mundos a partir de sua mente.

Uma vez que a vida se desenvolveu no cosmo, surge Vishnu, que se encarga de orquestrar os acontecimentos. Representa o princípio da conservação e é o mantenedor das leis cósmicas

Inverno: é o momento de descanso em que surgem qualidades como a introspecção e o silêncio. É um momento para conservar a energia e voltar à fonte. No ciclo evolutivo corresponde ao vazio, quando tudo se detém e o cosmo está "no sonho de Brahma".

Os homens antigos conheciam o segredo da felicidade ao saber honrar esses ciclos da natureza para viver em harmonia com a ordem cósmica.

Eles organizavam seus ritmos em torno da Lua e do Sol: realizavam as práticas mais dinâmicas e masculinas à luz do dia e as mais introspectivas e femininas sob o céu estrelado.

Eles souberam interpretar nos movimentos do Sol a revelação do ciclo evolutivo com suas quatro estações, considerando os momentos de mudança de ciclo como os mais sagrados. Parte dos rituais celebrados em torno do ritmo solar durante os solstícios e equinócios foram herdados pelas religiões atuais, adaptando-os a festividades como o natal ou a festa de São João, que se celebram próximo dessas datas.

As estações entregavam uma ordem para tudo: um tempo para semear, um tempo para colher, um tempo para celebrar e um tempo para o sossego.

Os períodos em que havia mais energia para as batalhas e outros em que era necessário se recolher e conservar a energia eram respeitados.

A morte e os processos de dissolução não eram vistos como algo catastrófico nem com temor. Em muitas das religiões da natureza se costumava honrar o processo de morte com uma festividade e registros desse costume são encontrados em alguns povos distantes em que a partida de um ser querido continua sendo um motivo de celebração. Da mesma forma, o caos era apreciado como uma prova de fortalecimento e transcendência. Os xamãs ou seres destinados a cumprir uma missão especial na tribo enfrentavam duras provas como uma doença ou uma batalha contra os espíritos, ou atravessavam uma passagem pela escuridão.

Em algumas sociedades, no rito de passagem para a idade adulta, era raptado e "devorado" metaforicamente por um monstro para provar seu valor e adquirir um novo conhecimento. Após superar a prova, regressava para sua tribo com a dignidade de ter se tornado adulto.

O caos era, portanto, considerado uma porta ao nascimento de uma nova vida.

Baseados em uma breve referência à cosmogonia e cosmologia antiga, podemos concluir que nas tradições antigas foi dado um lugar importante às etapas de transição. Cerimônias e festividades são celebradas como uma alegoria à mudança: a busca de visão, a dança do Sol, os rituais de cinzas, os resgates de alma, o *tipi*[22] da Lua, a dança das estrelas, a *chanupa* sagrada, as *ofertas* e oferendas, o *navaratri* hindu ou adoração à natureza de nove noites, as cerimônias de fogo, as iniciações e outros tipos de ritos de passagem exemplificam uma visão da existência baseada na impermanência e no apreço ao ritmo cíclico da vida.

Contrariamente aos antigos, vivemos atualmente em uma sociedade obcecada pelo êxito, pela riqueza, pelo reconhecimento, pela beleza e pela fama. Uma sociedade que investe todo esforço e energia em alcançar a cúspide do verão da vida e que pouco respeita as outras estações e os ciclos naturais do morrer ou do descanso.

Vivemos em uma sociedade em que envelhecer, errar, atravessar uma crise ou deixar de ser o protagonista do cenário social é olhado com desprezo.

As redes sociais são a perfeita vitrine para transparecer o constructo social que compartilhamos tacitamente como ideal de vida: corpos *fitness*, famílias perfeitas, *selfies* de alegria e beleza, conselhos de como viver sua vida. Fotografias com filtros que

---

[22] *Tipi*: tenda das tribos nômades norte-americanas. Elas são construídas a partir de uma armação de varas disposta na forma de um cone e coberta com peles de animais.

maquiam as imperfeições, vídeos que congelam os momentos de êxito e alegria, como se só existisse "o verão" e as férias na história e na vida das pessoas, mas a realidade é que estamos sujeitos ao ritmo cíclico da natureza e ninguém se encontra isento da doença, de uma crise, das perdas, da decadência e da morte. Porque a vida é uma dança constante entre o dia e a noite que transcorrem sem fim entre a primavera, o verão, o outono e o inverno.

Se há algo que pudéssemos recordar dos sábios e da sabedoria antiga é o apreço aos ciclos da natureza, restituindo tudo à dissolução natural ou ao lugar que ocupam dentro da criação.

Exercício: os ciclos da vida

1. *De modo geral, em qual momento de sua vida você se encontra (primavera, verão, outono ou inverno)?*
2. *Anote as áreas da sua vida em que você se encontra em um momento de criação ou no início de uma nova etapa (por exemplo, o novo projeto que está empreendendo, uma mudança de casa, de cidade ou país).*
3. *Anote as áreas de sua vida em que se encontra em um momento de estabilidade e de fazer prosperar o que você já construiu (por exemplo, educar seus filhos, nutrir uma relação, fazer crescer seu negócio).*
4. *Anote os aspectos de sua vida em que você está finalizando um ciclo ou um momento de mudança (por exemplo, terminar a tese de doutorado, o término de uma relação, mudança de profissão).*
5. *Anote os aspectos de sua vida em que você sente que está experimentando "o sonho de Brahma", está passando por um vazio ou um momento de descanso depois do final de um ciclo (por exemplo, um ano sabático, o período de luto necessário depois da perda de um ser querido, dar-se um tempo para estar sozinho depois de uma longa relação).*

Uma visão moderna e científica do caos

Uma das grandes contribuições ocorridas no século XIX foi a teoria da termodinâmica.

Esse paradigma científico nos permitiu em primeiro lugar compreender que existe uma força na natureza que tende à homeostase, ao balanço e ao equilíbrio.

Todo sistema complexo, desde uma bactéria, passando pelo ser humano ou uma empresa, tende a manter a estabilidade e suas características mais relevantes. O exemplo mais claro disso é a reprodução, por meio da qual uma espécie tende a sobreviver e a conservar-se através do tempo. Essa tendência de conservar a energia tem permitido que a vida se mantenha durante mais de 3.500 milhões de anos evoluindo em formas cada vez mais complexas.

Por outro lado, a segunda lei da termodinâmica trata da entropia, a desordem inerente a um sistema ou a tendência que existe no universo de ir à destruição. Esse padrão elementar pode ser observado no comportamento dos objetos físicos que tendem a rachar e desgastar-se: compramos uma casa nova, mas com o correr dos anos teremos de pintar as paredes, o teto, remodelar e restaurar. O ser humano também está destinado à dissolução: envelhecemos, vamos perdendo energia vital e nosso corpo se torna mais débil até chegar à morte.

Para muitos, a morte, o caos ou as forças de destruição são assustadoras. Quem irá querer tornar-se velho, encontrar-se no leito da morte ou ver-se subjugado por situações alarmantes? Porém, se observarmos a sábia natureza compreenderemos que a desordem é imprescindível para restaurar o equilíbrio, como é o caso da febre quando o corpo necessita matar os vírus ou as bactérias exógenas, ou de uma catástrofe natural como um terremoto, em que a natureza move as placas tectônicas para recobrar a ordem natural.

Se levamos em consideração o funcionamento da termodinâmica, compreenderemos que o caos não só permite restaurar o equilíbrio, mas que é também o combustível necessário para alcançar um nível mais complexo de organização. Quanto mais um sistema se aproximar de um ponto complexo de equilíbrio, maior será a entropia. Em outras palavras, o caos é necessário se você quiser alcançar um ponto maior de organização ou dar um salto no progresso e na evolução do sistema.

A contribuição de Prigogine foi fundamental neste aspecto, permitindo-nos contemplar o caos não só desde seu aspecto destrutivo, mas também como uma fonte de criação e um catalisador na aparição de novas estruturas e pautas complexas de organização:

> *"As estruturas dissipadoras são ilhas de ordem em um oceano de desordem."*[23]
>
> *Ilya Prigogine*

Sob essa visão científica encontramos alguns paralelismos com a cosmologia antiga. A primeira lei da termodinâmica se assemelha à força da preservação na filosofia oriental, e a segunda lei da entropia corresponderia à força destrutiva tão necessária para a criação. Tanto do ponto de vista antigo como do moderno, ou desde a perspectiva espiritual quanto da científica, o caos faz parte das leis naturais e cumpre um papel fundamental no desenvolvimento do mundo e na evolução dos fenômenos.

---

[23] PRIGOGINE, Ilya. *Las leyes del caos*. Tradução livre do autor. Barcelona: Crítica, 2008.

A dinâmica espiral: uma visão contemporânea da mudança

"Não estamos passando por uma era de mudanças. Estamos passando por uma mudança de era. Não estamos mudando de bairro, de cidade, de país, de planeta. Estamos mudando de universo. Estamos diante de uma revolução. E uma revolução muda absolutamente tudo."[24]

Tiago Mattos
(um dos fundadores da Perestroika)

Como humanidade estamos atravessando um ponto de ruptura para dar um salto a uma nova dimensão evolutiva.

Não só você está presenciando um momento de mudança ou experimentando uma transformação, o mundo inteiro está vivendo uma revolução. É necessário criar uma nova sociedade adaptada à civilização futurista e ao ser humano desperto que está surgindo.

Os sistemas educativo, político, econômico e social já estão arcaicos porque foram criados para o pensamento e a cultura de pessoas de séculos atrás. O ser humano evoluiu e esses arcaicos sistemas ficaram estreitos.

Cada dia são mais pessoas que buscam dar um sentido e significado a suas vidas, querendo liberar-se das velhas estruturas sociais baseadas no patriarcado e no poder.

Cada dia são mais pessoas que questionam suas profissões e que buscam a liberdade econômica com novos empreendimentos e fontes de recursos que lhes permitam expandir seu potencial, sem depender de chefe e de sistema de aposentadoria.

---

[24] MATTOS, Tiago. *Vai lá e faz*. Caixas do Sul: Belas Letras, 2017.

Cada dia são mais pessoas que estão cansadas do consumismo, das cidades de concreto, da poluição da cidade, da comida transgênica e processada, e buscam um estilo de vida mais ecológico e em conexão com o simples e natural.

Cada dia são mais pessoas que buscam uma espiritualidade integral e novas formas de ver o mundo, adotando com disposição novos valores humanos, como a integração e a cooperação em prol da união das culturas e dos saberes antigos, mais além de pertencer a uma nação, a uma religião ou a uma filosofia em particular.

Tudo isso responde a uma revolução global acelerada que estamos vivendo como consciência coletiva.

A mudança inevitável e o período de transformação pelo qual estamos passando como humanidade podem ser vistos em teorias contemporâneas que oferecem uma cartografia da complexidade do ser humano e entregam uma visão ampla das etapas de desenvolvimento da humanidade.

Por que mudamos?

Para onde nos dirigimos?

Em qual ponto da evolução nos encontramos?

Quais são os valores que prevalecem nesta nova fase de desenvolvimento?

Ken Wilber em seu livro *La vision integral* tenta criar um mapa universal da evolução da consciência baseado em diferentes correntes filosóficas inspiradas na Psicologia, no misticismo, na Antropologia, na sabedoria antiga, entre outras.

Um dos principais modelos nos quais se baseou Wilber para realizar sua proposta foi o da **dinâmica espiral**, criada por Clare Gaves e elaborada posteriormente com mais amplitude por Edward Beck e Christopher Cowan.

Ponto de ruptura | 81

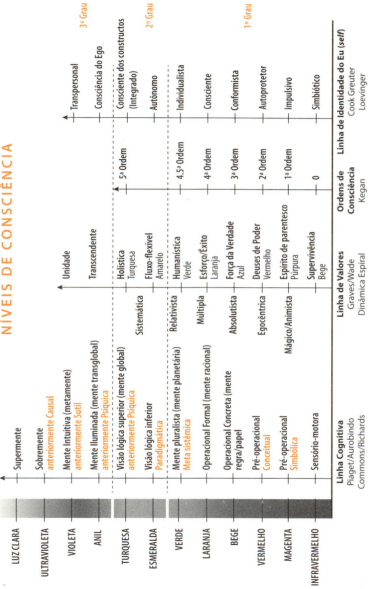

Figura 1. Níveis de consciência, Ken Wilber, 2006.

Como podemos ver na Figura 1, o modelo da dinâmica espiral sintetiza em oito níveis de existência a evolução da humanidade ao longo da história e do indivíduo ao longo da vida. Cada uma dessas etapas descreve as condições ambientais, os valores e as características que o ser humano desenvolve em seu processo de adaptação. Cada um dos estágios foi designado por seus criadores por uma cor e nome com o objetivo de compreender a transformação dos valores humanos que está acontecendo e que leva a uma nova etapa na evolução da consciência coletiva.

1. **Bege:** "Arcaico-instintivo". Nível da supervivência básica no qual primam os hábitos, os impulsos instintivos e a satisfação das necessidades biológicas (água, alimento, sexo, calor e segurança). Está presente nas primeiras sociedades humanas.

2. **Púrpura:** "Mágico-animista". Determinado pelo pensamento animista e o agrupamento em tribos étnicas. O valor é dado aos antepassados, à tradição, aos rituais, às superstições e à polarização entre o bem e o mal. As etnias e as culturas primitivas são uma expressão desse estágio.

3. **Vermelho:** "Deuses de poder". O surgimento de um eu poderoso, heroico, impulsivo e egocêntrico que é alheio à tribo. O mundo é uma selva repleta de predadores no qual sobrevive o mais forte, que domina os mais débeis. Este é o fundamento dos impérios feudais baseados no poder, na obediência e na exploração.

4. **Azul:** "A ordem mítica". A imposição da ordem, da lei e do controle. A vida tem um sentido e uma verdade superior que está representada pela autoridade e pelas regras. Surgem os códigos de conduta baseados em princípios absolutistas e fundamenta-

listas sobre o bem e o mal. O respeito dos códigos é recompensado, enquanto a violação de suas regras traz castigos e graves repercussões. Essa onda da espiral representa o nascimento das hierarquias sociais rígidas e paternalistas cuja base está nas antigas nações, no puritanismo, no patriotismo, no confucionismo, no fundamentalismo religioso e no moralismo.

5. **Laranja:** "A conquista científica". O eu busca a autonomia. Surge a necessidade de competir para obter conquistas, êxito, resultados materiais e poder de influência. É o nível experimental, pragmático, hipotético-dedutivo e mecânico. As leis da natureza podem ser aprendidas, dominadas e controladas para o próprio benefício. Sustenta uma visão da vida cheia de recursos e oportunidades para obter prosperidade. Expressões dessa espiral são a busca do triunfo, o colonialismo, as alianças comerciais, a classe média emergente, a exploração dos recursos da terra, a indústria da moda, o materialismo e o liberalismo centrado no benefício próprio.

6. **Verde:** "O eu sensível". Centrado na comunidade, no diálogo e na relação entre os seres humanos. Surge o despertar da sensibilidade ecológica, o respeito à natureza e o cuidado com a terra. São estabelecidos vínculos igualitários que substituem as hierarquias. Centrado em valores plurais, surgem a identidade grupal, a conciliação, a convivência harmônica, o consenso, a diversidade, o multiculturalismo, a cordialidade e a sensibilidade. Expressões dessa espiral são os movimentos ecológicos, a defesa dos direitos humanos, a psicologia humanista, os movimentos sociais e as redes de apoio.

7. **Amarelo:** "O integrador". A vida é uma constante mudança e a incerteza se concebe como um estado aceitável do ser. Esse estágio se apresenta como um caleidoscópio de holarquias, sistemas e formas naturais que se movem baseadas nos princípios da espontaneidade, da interdependência e da flexibilidade. Busca níveis de complexidade cada vez maiores que integram as pluralidades e diferenças de modo interdependente. Um nível sistêmico, funcional, interdependente e flexível.
8. **Turquesa:** "Holístico". A ordem universal consciente e viva. Sua função é restaurar a harmonia global. Integra o sentimento e o conhecimento, a razão e a espiritualidade em prol da vida presente e futura. Utiliza todos os níveis da espiral em um estado de fluxo. Conectado à vida, é uma teoria do todo unificador.

A dinâmica espiral oferece um marco compreensivo da evolução do ser humano e da humanidade que pode ser aplicado a todas as áreas de desenvolvimento cultural, empresarial, político, religioso, psicológico e espiritual. Essa visão nos permite compreender que a evolução é um processo em constante mudança na qual temos que morrer e transformar as velhas estruturas para que nasçam novos valores, comportamentos e ideias inovadoras que permitam adaptações e expansão do nosso potencial.

Enquanto as espirais evolutivas não são estágios rígidos e progressivos, mas ondas fluidas inter-relacionadas que se compreendem umas a outras e que variam de cultura para cultura ou de um grupo humano para outro, podemos observar que nos tempos atuais estamos em transição, deixando para trás as tendências da espiral azul/laranja para nos aproximar de uma visão mais humanista que corresponde aos valores da espiral verde. O afã pelos resultados concretos, a sede pelo consumismo e a atitude de competitividade a favor do individualismo estão cedendo lugar gradualmente ao nascimento de valores como a colaboração e a convivência.

Os sistemas de liderança baseados na hierarquia e na autoridade estão sendo substituídos pela holocracia.[25] *Holocracia* é onde o poder se distribui entre as pessoas para tomar decisões significativas em conjunto que impulsionem a mudança e tragam benefícios grupais.

As instituições que representam a ordem e a moral estão sendo questionadas e novas organizações estão surgindo, baseadas na igualdade, na participação e na integração. Ao ver a iminente ameaça ecológica, produto da fome desproporcional pelo consumismo, prazer, poder, fortuna e fama, impulsionados pelo materialismo, os movimentos ecológicos baseados no respeito e no cuidado da natureza estão com cada vez mais força.

Surgem tendências como o *consumo colaborativo*, a *economia circular*, o *co-working*, a *agricultura regenerativa*, que buscam o bem-estar em prol de "nós", respondendo ao despertar de uma consciência social e coletiva que traz uma nova esperança para o futuro da humanidade.

Parte do caos social, político, religioso, cultural, econômico e ecológico que estamos vivendo é um reflexo do movimento coletivo que está sendo empreendido a uma nova espiral de consciência. Encarar a mudança e transformar essas forças divergentes em direção ao crescimento e à renovação requer uma qualidade imprescindível: *a ousadia*.

---

[25] "Essencialmente o significado de Holocracia é um sistema que abre mão da tradicional hierarquia empresarial, ausentando chefes e gerentes, e propõe que funcionários sejam escolhidos para determinadas funções, sem cargos pré-definidos, unindo suas aptidões com as exigências funcionais solicitadas pela corporação." Disponível em: <http://www.administradores.com.br/noticias/negocios/a-holocracia-e-o-mundo-corporativo-brasileiro/109269/>. Acesso em: mar. 2018.

Capítulo IV
A ousadia diante do caos ◄

> *Aprenda a confiar no que está passando. Se há silêncio, deixe-o aumentar, algo surgirá. Se há tormenta, deixe-a rugir, se acalmará.*
>
> LAO TSÉ-TUNG

A aceitação que libera

O que podemos aprender da visão antiga, moderna e contemporânea sobre o caos? Qual é o valor que ocupam as crises em nossas vidas?

O primeiro ato de ousadia diante do caos é a aceitação da realidade.

As crises e os pontos de ruptura são inevitáveis em nossas vidas. São parte do caminho da transformação e da evolução individual e coletiva. Para isso necessitamos deixar de nos anestesiar, nos congelar, nos esconder ou escapar diante da realidade e deixar de resistir à mudança.

Covardia é fugir dos problemas com atitudes escapistas, medíocres e conformistas. Covardia é decidir se queixar, criticar, se vitimar, negar, ignorar, culpar os outros ou dar-se por vencido. Aceitar as crises e os desafios como são nos transforma em guerreiros audazes.

Uma crise é uma acumulação de energia muito potente que necessita ser canalizada de maneira criativa e construtiva. Recordemos a teoria do *big bang* sobre a origem do universo: este nasce a partir de uma força muito potente que entra em explosão e assim surgem as galáxias, as estrelas e os planetas.

Se exercemos resistência ou tentamos bloquear a potente energia expansiva que ocasiona as crises, sua força se polariza trazendo consequências violentas e destrutivas, porque a única coisa que está buscando essa força indômita é sua liberação criativa.

Diante da força de explosão de um vulcão ou a agitação das marés, qual é nossa atitude?

Podemos ser precavidos e nos proteger, mas não temos como nos sobrepor a seu poder, só aceitar que a natureza se expresse e reencontre seu equilíbrio. De fato, pode-se notar que uma das terras mais favoráveis para a agricultura são aquelas que foram banhadas por minerais vulcânicos. Aceitar as crises é permitir que essas forças potentes sigam seu fluxo natural de criação e regeneração.

As crises são manifestações de uma série de aspectos inconscientes não elaborados que buscam ser trazidos à luz. Talvez seja mais fácil andar pela vida sorrindo falsamente e aparentando que "tudo está bem", enquanto os incômodos e as tensões internas se acumulam debaixo do tapete. Porém, todo conflito psicológico ignorado não passará despercebido porque cedo ou tarde gritará em forma de doenças ou calamidades.

É muito mais saudável aprender a tomar consciência e elaborar os pequenos conflitos quando estes se apresentarem em vez de esperar que se acumulem de maneira demolidora. Este é o caso de um incômodo corporal que começa dando sinais e que, ao não ser atendido, converte-se em uma doença aguda. Tomemos o exemplo de uma dor de pescoço: sentimos o incômodo, mas continuamos ocupados mentalmente e desconectados do corpo, a tensão continua se acumulando e a dor vai se intensificando a tal ponto que adotamos uma postura incorreta para poder lidar com a dor. A postura incorreta vai desalinhando as vértebras, gerando um desequilíbrio até envolver outros ossos, músculos e órgãos. Finalmente, um pequeno incômodo de pescoço que não foi atendido com consciência transforma-se em um problema crônico que necessitará de muito mais cuidado e atenção para poder recuperar o bem--estar. Aprender a encarar os desafios é atrever-se a dar o primeiro passo com ousadia, porque a única forma de se liberar dos conflitos é encarando-os com consciência.

Esse primeiro ato de ousadia diante do caos necessita de uma grande qualidade feminina: *a vulnerabilidade.*

A vulnerabilidade nos permite estar em contato com o que nos sucede e nos treina a desenvolver uma abertura ao momento presente, seja este incômodo ou glorioso, exuberante ou ameaçador, sem nos desviar pelos dramas das emoções, pela frieza calculada da mente ou pelos instintos que buscam através de atos ou vícios nos evadir da realidade. Fomos educados para buscar só o que for prazeroso e agradável, e para evitar a todo custo o que for incômodo e desagradável. Porém, a resistência ante a dor também nos impede de amar, e o medo que nos protege do desagradável nos impede de ser livres. A vulnerabilidade traz a capacidade de nos abrir à vida momento a momento, aceitando a realidade tal como é.

Uma das maiores razões da dificuldade em aceitar as crises é porque ameaçam as pretensões ou as ilusões idealizadas do ego. A imagem falsa que sustentamos perante o mundo: de ser bem-sucedidos, inteligentes, belos, joviais, poderosos, ter o casamento perfeito ou a vida ideal. As crises são forças disruptivas que desafiam nossas máscaras e couraças, destruindo as referências que queremos manter diante do mundo.

Devemos despertar a ousadia para aceitar a realidade e nos permitir ser vulneráveis ante esses momentos. Se aprendemos a aceitar o incômodo e doloroso também estaremos preparados para abraçar o doce e amoroso, porque ambos são aspectos de uma mesma realidade.

Desenvolver a capacidade de aceitar a energia indômita e imprevisível da vida nos permitirá fazer das forças caóticas nossos melhores aliados para a renovação e a inovação. Porque a única forma de viver totalmente é conhecendo o dia e a noite, o doce e o amargo, a agitação e a calma inerentes à existência humana. E as crises são a perfeita oportunidade para isso.

Prática de meditação

A meditação é a prática que nos permite aceitar a vida tal como é e nos treina a viver no momento presente. As pessoas que meditam têm a capacidade de enfrentar os desafios com tranquilidade, discernimento e clareza.

> - Escolha um lugar tranquilo e silencioso para realizar esta prática por cinco minutos.
> - Adote uma postura confortável com a coluna reta. Faça algumas respirações conscientes e profundas.
> - Conscientize-se de seu corpo, realizando uma espécie de escaneamento desde a cabeça até os pés. Conscientize-se das sensações em cada parte de seu corpo e perceba se existe algum ponto de tensão ou incômodo.
> - Preste atenção em suas emoções. O que você está sentindo? Qual é seu estado anímico neste momento? Não tente mudar ou modificar nada, simplesmente se mantenha em contato com o que estiver acontecendo.
> - Por último conscientize-se de sua mente. É uma mente tranquila ou agitada? Quais são os pensamentos que mais se repetem (passado, futuro, casal, dinheiro, pessoa X)? Observe objetivamente o estado de sua mente, sem julgar ou tentar bloquear os pensamentos. Permita que eles se manifestem tal como são, sem identificar-se com eles.
> - Uma vez que você tenha tomado consciência de seu estado corporal, emocional e mental, faça novamente algumas respirações e traga sua consciência ao mundo externo.

Eu o aconselho a realizar a prática de meditação diariamente. Anote em um diário o que você experimenta em cada sessão, pois isso o ajudará a trazer à luz os aspectos que costumam passar despercebidos.

Um olhar benevolente ao caos

Uma vez que tivermos aceitado e tomado consciência da realidade, podemos treinar no segundo ato de ousadia que consiste em *desenvolver uma perspectiva otimista* perante as crises.

Aprender a olhar com bons olhos os momentos caóticos e críticos de nossa vida não é tarefa fácil, uma vez que sabemos que exige despertar toda nossa coragem e sair de nossa zona de conforto. Para desenvolver um olhar benevolente necessitamos deixar de lado todos os rótulos que usualmente associamos a esses momentos cruciais: fracasso, catástrofe, negatividade, obscuridade, maldição, entre outros. Em vez de contemplar esses processos como caminhos através da degradação podemos aprender a vê-los como fontes vibrantes de criatividade, oportunidades para redesenhar nossos sonhos e renascer como uma fênix.

Como primeiro passo para aceitar a realidade é importante soltar as máscaras, permitir-se ser vulnerável, falar do que sente e receber amparo de nossas redes de apoio. Porém, quando o duelo e a aceitação do que sucede já foi elaborado, deve-se dar o segundo passo: olhar as crises com bons olhos.

Muitas pessoas conseguem aceitar que estão enfrentando uma crise, mas ficam estancadas na negatividade, queixando-se das situações que as oprimem e afligindo-se perante os demais. Neste ponto é necessário cuidar para que a aceitação e a vulnerabilidade não se transformem em vitimização ou negatividade, uma vez que a queixa e a reclamação são as formas mais velozes de perder energia e poder pessoal, além de desviar do caminho da ousadia. Desenvolver um olhar benevolente exige coragem e valentia, permite cultivar a autorresponsabilidade, que é um dos pilares fundamentais da ousadia ao entregar o poder de transformar as crises em forças criativas.

Quando nos abrimos a contemplar os desafios de uma nova perspectiva, descobrimos que as crises são oportunidades grandiosas que trazem muitos benefícios se soubermos aproveitá-las. Um de seus valores mais apreciados é o alinhamento com nosso propósito de vida.

As crises são chamadas de consciência que nos alinham a nosso destino mais elevado. Quando não escutamos o destino de nossa alma ou perdemos o rumo de nossa missão, a sabedoria da vida nos faz um chamado através desses momentos turbulentos para nos despertar e reorientar o nosso propósito. São muitos os testemunhos de pessoas que contam como uma experiência de ruptura transformou o rumo de sua vida.

A vida é a grande aventura para chegar a nosso destino final. Porém, ao nascer não recebemos um manual com instruções claras e passos concretos que nos guiem no caminho. A vida é também uma busca e uma escola de aprendizagem e, nesta viagem, muitos são os riscos e as distrações que nos desviam de nosso norte. Ao nascer também não recebemos um mapa que mostra o caminho a nosso destino final.

Os seres que nos amam tentam nos alertar com seus conselhos quando nos veem perdidos e desorientados, mas muitas vezes estamos tão enganados por nossos instintos e desejos, pelas emoções baixas e a mente coletiva, que perdemos o olfato ou nos tornamos cegos e surdos ante os sinais da vida. E sem força de vontade ou poder pessoal suficiente para corrigir nossos erros, sem o amor necessário para escutar a voz da intuição, carecemos da consciência fundamental para perceber a verdade que nos libera do erro.

Então a vida nos ensina drasticamente através das crises.

Lista de benefícios das crises

Se você está atravessando um momento conflituoso ou crítico em sua vida, eu o convido a olhar com boas lentes esses momentos de aparente escuridão, apreciando alguns dos benefícios que farão brilhar sua estrela dançante.

Alguns benefícios que as crises e os desafios trazem são:

- Fortalecem a integridade.
- Purificam o passado e convidam a deixar para trás o que impede o crescimento.
- Convidam a transformar os venenos em virtudes, as emoções negativas em sentimentos nobres.
- Iluminam as sombras e nos fazem conscientes dos pontos cegos.
- Despertam novas qualidades, capacidades e talentos adormecidos.
- Trazem maturidade, sabedoria e experiência.
- Possibilitam uma reavaliação da vida.
- Ensinam humildade, a apreciar as raízes e a valorizar o que nos sustenta.
- Desenvolvem a empatia e a compaixão, especialmente àqueles que sofrem e enfrentam as mesmas dificuldades.
- Ensinam o poder da vulnerabilidade, abrindo-nos ao fluxo de dar e receber.
- Ensinam o desapego de coisas e pessoas.
- Fortalecem a conexão consigo mesmo, transformando-nos em nossos melhores amigos.
- Liberam de cargas pesadas que detêm a evolução.
- Despertam a criatividade, a iniciativa e a inteligência.
- Impulsionam a empreender novos projetos que levam ao êxito e à realização.
- Convidam à profundidade, à introspecção e ao autoconhecimento.
- Transformam-nos em mestres do que transcendemos.
- Amplificam e expandem a visão.

- Despertam a autenticidade e a coragem de ser você mesmo.
- Aceleram a missão de vida.
- Despertam a devoção, a fé e a busca espiritual.
- Alinham com o propósito de vida e orientam a um destino mais elevado.
- Conectam com a força divina criadora.

Exercício: a face positiva das crises

1. Dos benefícios anteriores, escolha os três que têm mais sentido em sua história de vida atual. Escreva-os em um papel.
2. Aprofunde-se em cada um deles e reflita sobre a mensagem que trazem para sua vida.
3. Visualize seu futuro baseado nesses benefícios. Como seria sua vida se integrasse esses princípios?
4. Agradeça desde já pelo futuro luminoso que virá.

As três faces da crise

Para fazer do caos uma força criadora é importante dar o tempo de sentar-nos diante das crises, escutar a sabedoria que nos traz e compreender para onde está nos direcionando.

Descreveremos em seguida as três faces que toda crise nos convida a explorar. Esses três aspectos nos ajudam a desenvolver um olhar benevolente perante os desafios e a aproveitar as crises como oportunidades de redesenho criativo.

1. **O evidente:** é o aspecto mais notório e visível dos desafios que se identifica pelos sintomas e o mal-estar que gera. Imagine uma planta que está perdendo vida. O aspecto evidente são suas flores murchas, a perda de

cor e suas folhas secas. No aspecto evidente da crise podemos identificar as áreas da vida que estão se vendo comprometidas, os pontos de incômodo e as mudanças eminentes que necessitamos realizar. As seguintes perguntas podem ajudar a explorar esta primeira face:

- *Qual é a crise que estou atravessando?*
- *Em quais áreas de minha vida estou experimentando incômodo? (Exemplos: financeira, saúde, familiar, de casal, profissional, sentido da vida etc.)*
- *Quais são os sinônimos que associo à palavra crise? (Exemplos: falência, solidão, fracasso, ser julgado, envelhecer, tristeza, falta de sentido.)*
- *Quais são os ingredientes de minha fórmula de vida que já expiraram?*
- *O que não quero mais em minha vida? O que eu necessito mudar?*

2. **O oculto:** o aspecto oculto corresponde às estruturas psíquicas, aos padrões emocionais e às crenças mentais que sustentam nossos comportamentos, ações e resultados externos. O mundo é um reflexo de nossos pensamentos e atitudes, portanto toda crise é um convite a explorar e indagar nosso mundo interno, identificando os padrões emocionais e mentais que necessitam ser transformados para manifestar uma nova realidade.

No exemplo da planta, o aspecto oculto corresponde às raízes. Se as raízes estão saudáveis e fortes, a planta terá uma base sólida para expandir-se e florescer. Se as raízes estão podres ou debilitadas, por mais que tenhamos cuidado com a parte externa da planta, inevitavelmente ela não sobreviverá.

Como o aspecto oculto se encontra sob a terra, muitas vezes é difícil identificar as raízes que estão comprometidas, ou seja, todos aqueles aspectos inconscientes que levamos como bagagem de vida e que buscam ser trazidos à luz nos momentos conflitivos. A auto-observação, os processos terapêuticos, os cursos de crescimento pessoal, assim como o *feedback* de nossos amigos de confiança, podem nos ajudar a identificar esses pontos cegos que não conseguimos perceber sozinhos.

As seguintes perguntas permitem explorar o aspecto oculto dos conflitos:

- *O que não quero ver dentro de mim?*
- *O que tenho medo de aceitar?*
- *O que temo que os demais descubram sobre mim?*
- *O que mudou dentro de mim que eu não me dei conta?*
- *O que preciso "desaprender"?*
- *Quais são as crenças raízes que estão sendo questionadas?*
- *Quais são as atitudes que já não me servem para avançar?*

3. **O inovador:** as crises são oportunidades que a vida nos entrega de criar um novo destino. Representam a força criativa que nascerá a partir do caos, os dragões alados que escondem o diamante no interior da caverna e fazem despertar nossos tesouros e talentos adormecidos. As crises são as guardiãs de novos paradigmas que estão no ponto de emergir. No exemplo da planta, o aspecto inovador representa a semente: para obter novos frutos e resultados precisamos semear novas sementes.

- *Qual é o convite que esta crise está me fazendo?*
- *Qual é a aprendizagem principal que estou integrando?*
- *Quais são os novos paradigmas que estão por nascer?*

- *Quais são os talentos e as competências que estão a ponto de florescer?*
- *Quais atitudes estou disposto a criar?*
- *Qual é a nova disciplina para minha vida?*
- *Como visualizo e projeto meu futuro?*

Apreciar "os pequenos triunfos"

O fracasso nos ensina e nos causa impacto; ou nos damos por vencidos ou renascemos das cinzas e triunfamos.

Os erros são grandes fontes de aprendizagem. Um erro se transforma em êxito quando se aprende com ele e se transforma em fracasso quando não entendemos a lição que ele veio nos mostrar.

Atrás de todo grande triunfo existe uma história acumulada de muitas tentativas e erros.

Recordemos que Thomas Edison, o inventor da lâmpada, realizou mais de mil ensaios antes de acertar com seu experimento. Durante oitocentos dias e oitocentas noites ele tentou com mais de seis mil fibras diferentes de origem animal, vegetal, mineral, e até com um pelo da barba de um de seus colaboradores. O que teria acontecido se ao erro número quinhentos o inventor da lâmpada tivesse se deixado abater pelo fracasso?

Alejandro Melamed, CEO da Humanize Consulting e com grande experiência no mundo corporativo, afirma que o problema central perante o fracasso não são os fatos em si, mas a reação que temos diante dele: "10% é sobre o que acontece, ou seja, aquilo que não saiu de acordo com o previsto, e 90% é sobre a maneira de responder diante do erro".[26] Continuando

---

[26] Cómo convertir fracasos en éxitos. 1º jul. 2016. Disponível em: <http://www.buenosnegocios.com/notas/2521-como-convertir-fracasos-exitos>. Acesso em: 20 abr. 2018.

com o exemplo de Thomas Edison, sua percepção otimista do erro foi o que lhe permitiu culminar com êxito suas mais de mil tentativas. Costuma-se dizer que quando um de seus colaboradores perguntou se ele não se cansava de persistir ante o fracasso, ele respondeu: "Fracassos? Não sei do que você está falando. Em cada tentativa descobri um motivo pelo qual uma lâmpada não funciona. Agora já sei mil maneiras de não fazer uma lâmpada". E as palavras que pronunciou para o mundo sobre o processo pelo qual ele tinha criado a lâmpada foram: "Não foram mil tentativas falhas, foi uma invenção de mil passos".

Hoje em dia, nesta era da informação e da inovação permanente é dado um novo valor ao erro. A fórmula do êxito inclui em seu manual de procedimento o errar e aprender com os erros. Quem não se equivoca é porque não teve a coragem de arriscar-se e empreender. Portanto, a ousadia implica ter o valor de aprender através dos erros e de ver os fracassos, as separações, as dores e as tristezas como **os pequenos triunfos**.

Os principais teóricos do campo da inovação dizem: "equivoque-se, mas equivoque-se rápido para aprender rápido".

A ousadia nos dá a força para dar o passo ao desconhecido sem o temor de errar. Nestes tempos é melhor fazer a tentativa do que ficar paralisado pelo medo e pelo perfeccionismo, porque o mundo está girando tão rápido que não temos tempo de esperar anos até encontrar a fórmula perfeita ou o produto de excelência. Assim como o "caminho se faz ao andar", o êxito surge da tentativa e do erro. A ousadia implica saber errar, aprender e acertar.

Exercício: apreciando os pequenos triunfos

1. Pegue um papel e divida-o em duas colunas.
2. Escreva na coluna da esquerda "os erros". Faça uma lista de todos os fracassos e frustrações que você teve em sua vida.

3. Escreva na coluna da direita "os pequenos triunfos". Na frente de cada um dos erros escreva o aprendizado que você obteve.
4. Reflita sobre o que você pode trazer dessas experiências para seu momento atual de vida.

Para inspirar sua ousadia recorde os "pequenos triunfos" que construíram o êxito de grandes famosos da história:

- **Marilyn Monroe** (atriz famosa, considerada a mulher mais sexy do mundo): na agência de modelos a aconselharam a ser secretária.
- **Walter Elias Disney** (empresário e animador, criador de Walt Disney World, ganhador de 32 prêmios Oscar e inventor de Mickey Mouse): foi despedido de um jornal por falta de criatividade e sua primeira empresa foi declarada falida.
- **Steven Spielberg** (gênio do mundo cinematográfico, diretor de filmes como *Jurassic Park* e *A lista de Schindler*): foi reprovado três vezes nos testes de admissão na Universidade de Carolina do Sul.
- **Brian Acton** (fundador do WhatsApp): não foi contratado pelo Twitter nem pelo Facebook.
- **Michael Jordan** (o melhor jogador de basquete da história): foi despedido da equipe escolar de basquete.
- **Sergey Brin e Larry Page** (os fundadores de Google): quando inventaram o buscador de internet ninguém quis comprar a ideia.
- **Joanne Rowling** (autora dos *best-sellers* Harry Potter): seus livros foram rejeitados em doze editoras.
- **Bill Gates** (fundador da Microsoft, considerado o homem mais rico do mundo): abandonou Harvard. Fracassou em seu primeiro negócio.

▶ **Albert Einstein** (Prêmio Nobel, criador da Teoria da Relatividade): não falou até os 4 anos; os professores o consideravam atrasado.

Cultivar a gratidão

"O agradecimento é a memória do coração."

Lao Tsé-Tung

A gratidão é uma qualidade humana com propriedades alquímicas porque tudo o que toca é convertido em ouro: transforma o pessimismo em benevolência, a carência em abundância, a negatividade em confiança, a crítica em apreço, a tristeza em alegria, o egoísmo em generosidade e a escuridão em luz.

Encarar as crises com gratidão abre as portas à transformação, permite dissolver o conflito e a densidade inerentes ao caos, abrindo espaço para as oportunidades de crescimento que a vida oferece nos momentos de atrito.

O estado de gratidão traz a força, a motivação e a vitalidade de que necessitamos para acender o fogo da ousadia e superar os obstáculos com alegria.

Ao agradecer, o coração se abre e se enche de plenitude, a mente foca o positivo, a abundância que nos rodeia se faz visível e a vida nos abraça com amor...

A Neurociência tem demonstrado que a gratidão está intimamente relacionada com a felicidade. Quando uma pessoa se sente grata é ativado o chamado "sistema de recompensa do cérebro" localizado no *núcleo accumbens*, o qual responde às gratificações naturais gerando bem-estar e satisfação. Ao sentir gratidão, o cérebro interpreta que algo bom está acontecendo e produz dopamina, o neurotransmissor responsável pela sensação de prazer, a atividade motora, a motivação e a atenção. A pessoa se sente com energia, autoestima elevada e motivação para ir em busca de seus sonhos, o que, por sua vez, gera resultados que produzem autorrealização.

Por meio de outra via neural, também foi demonstrado que a gratidão estimula as vias cerebrais responsáveis pela liberação de oxitocina, o hormônio responsável por sentimentos como o amor, o afeto e a tranquilidade, reduzindo os níveis de estresse, ansiedade e medo.

Praticar a gratidão eleva, portanto, os níveis de emoções positivas, de vitalidade, de satisfação e de autorrealização, contribuindo para a felicidade.

Posto que nosso cérebro não pode experimentar ao mesmo tempo felicidade e infelicidade, cultivar a gratidão é uma opção que nos presenteia momento a momento.

Ao enfrentar um desafio podemos eleger ficar estancados na negatividade e na reclamação ou cultivar a gratidão e o apreço, abrindo nosso coração à vida.

A gratidão se cultiva com o apreço.

Ao focar a mente nas coisas simples que recebe a cada dia – nos alimentos que você tem a oportunidade de comer e desfrutar, nos bens materiais de que dispõe, no tesouro das amizades e relações que o rodeiam, nos conhecimentos e nas aprendizagens que o enriquecem, nas experiências que lhe engrandecem, na abundância da natureza que se expressa em um entardecer, no canto dos pássaros, no ar que você respira, na água que bebe ou simplesmente na milagrosa oportunidade de escutar seu coração bater – você se dá conta de que tem nas mãos um dia mais de vida.

Se você quer abrir seus braços à abundância e abrir as portas a um destino brilhante, o segredo está em agradecer pelo passado, pelo presente e pelo futuro.

Exercício: praticando a gratidão

1. *Gratidão pelo passado*: relembre alguns momentos de sua vida, agradeça a seus ancestrais, pais e familiares que lhe deram a vida. Agradeça por todas as conquistas e aprendizagens que você teve. Agradeça por todas as amizades e relações que cruzaram sua vida. Agradeça por todos os bens materiais que recebeu. Agradeça por todas as experiências de crescimento, pelos altos e baixos, pelos amigos e inimigos, pelos momentos de felicidade e de aspereza. Agradeça mais e mais, abençoando e liberando o passado.

2. *Gratidão pelo presente:* agradeça por tudo o que você tem e pelo que não tem, por tudo o que você sente e o que não sente, por tudo o que você sabe e o que não sabe, por tudo o que é e o que não é. Agradeça pela perfeição do momento, por todas as oportunidades que lhe são dadas e pelas dificuldades que o fortalecem e o fazem crescer.

3. *Gratidão pelo futuro:* agradeça pelo futuro que virá com abundância, amor, sabedoria e plenitude. Agradeça por todos os seus sonhos realizados.

Capítulo V
Do medo à ousadia: os cinco passos para dar um salto para o desconhecido

*Como despertar a coragem
de sermos nós mesmos
e avançar com ousadia em
direção a nossos sonhos?
Como ultrapassar os obstáculos
que impedem nosso crescimento?
Como construir uma vida valiosa,
com propósito e significado em um
mundo desafiante?*

Em seguida trataremos de cinco passos para sair da prisão do medo e atrever-se a dar o salto com ousadia ao desconhecido.

Primeiro passo: o poder da escolha

Para liberar-se da prisão, o primeiro passo que o convida a realizar a ousadia é o de tomar uma decisão.

A ousadia o impulsiona a lançar a flecha, mas você precisa primeiro ter claro o alvo para onde dirigi-la. Se você não sabe para onde vai, a ousadia é infantil, é uma loucura insana sem causa justa. É certo que errar faz parte da fórmula de êxito, mas o erro que se transforma em acerto faz parte de uma estratégia clara e inteligente. Não se trata de errar por errar, de atuar por atuar ou de correr para qualquer lado porque todos correm desesperados.

Sem uma visão clara, a ousadia se reduz a um arranque de impulsividade e intrepidez excessiva. Especialmente nos momentos de agitação e caos, tomar uma decisão requer discernimento para que as ações não sejam explosões do ego ou resultados do medo, do desespero e da angústia que despertam o adentrar-se em um terreno desconhecido.

Para desenvolver o discernimento e ampliar a visão antes de lançar-se a decidir com ousadia, recomendo passar por um processo em três passos que denomino **os três Ps: parar, purificar-se e preparar-se**.

Método 3 Ps: parar, purificar-se e preparar-se antes de decidir

1. Meditação: a pausa essencial

> *"Quando medito*
> *o corpo torna-se são,*
> *o coração se alivia,*
> *a mente se calma*
> *e o espírito voa."*[27]

Suryavan Solar

Vivemos em um mundo onde se ignora a importância dos momentos de introspecção e silêncio porque estamos condicionados a ser máquinas produtivas. A era industrial da qual estamos saindo nos deixou como herança o foco nos resultados e na produtividade. Ainda compartilhamos no inconsciente coletivo a crença de que o êxito está associado ao fazer e que as pessoas poderosas são aquelas vigorosas, imbatíveis e incansáveis. O resultado desse excesso de masculinidade são altos números de ataques cardíacos, de ausências laborais, a causa do estresse e da demanda de medicamentos para depressão, ansiedade e hiperatividade. Pouco a pouco, à medida que entramos em uma nova espiral de consciência, nos aproximamos de um ponto de vista mais humano e colaborativo, em que o tempo de qualidade e os vínculos relacionais começam a ser apreciados como o ouro.

Voltando ao contexto da ousadia, antes de tomar uma decisão é imprescindível ter uma visão clara para saber para onde

---

[27] SOLAR, Suryavan. *Meditación:* el arte de volar. Tradução livre do autor. Pucón: Cóndor Blanco, 2014.

se dirigir. Para isso é necessário realizar uma pausa e encontrar um espaço de silêncio e introspecção onde seja possível conectar-se com o essencial. Recordemos que na cosmologia antiga, depois do caos e da destruição existe um espaço vazio, um momento de descanso e preparação para a criação de uma nova semente. A prática milenar que encontramos em todas as tradições ancestrais para obter o poder regenerador da quietude e do silêncio é a meditação.

A meditação nos permite assentar a maré de uma mente agitada que se deixa influenciar pelo fluxo constante de histórias, fenômenos e circunstâncias que se apresentam na periferia da vida. A meditação nos permite encontrar nosso centro e recuperar nosso poder interno. Ao acalmar as turbulências da mente que navega constantemente entre o passado e o futuro, a meditação entrega um descanso profundo a nosso cérebro, permitindo que se gerem novas redes neuronais. É nesse espaço de quietude e silêncio que surge uma conexão com nossa natureza essencial e nascem espontaneamente as ideias mais brilhantes e criativas.

A meditação favorece a tomada de decisões

Pesquisas científicas demonstraram que a meditação ativa a ínsula posterior do cérebro, uma área relacionada com o processo racional da tomada de decisões.

O americano Andrew Hafenbrack, investigador da Insead (escola de administração de empresas na França), realizou uma investigação sobre a tomada de decisões em situações que implicam lidar com "o custo perdido" nas empresas. O custo perdido são aqueles custos irrecuperáveis que ocorrem nas empresas por investir em projetos que não dão os resultados desejados, mas que continuam sendo prolongados por mais tempo por medo de aceitar o erro ou por um excesso de otimismo que se choca com a realidade e que acaba gerando custos ainda mais elevados.

A investigação demonstrou que depois de meditar quinze minutos levando a atenção à respiração, os voluntários do estudo podiam concentrar-se no presente e tomar decisões complexas com mais facilidade, conseguindo distanciar-se das emoções negativas associadas à situação do custo perdido.

"As pessoas se concentram no que acontece no presente e se desvinculam de emoções" afirma Hafenbrack.[28]

O que é a meditação?

A meditação é o estado natural, livre e ilimitado da consciência que todos experimentamos de modo espontâneo em algum momento da vida: contemplando o entardecer, banhando-nos no oceano, em um estado de amor, ao receber uma surpresa ou ao experimentar um choque, ao despertar dentro de um sonho profundo, em união com nosso companheiro, brincando no parque, fazendo um discurso perante um público ou submersos na arte ou em uma obra de criação. Todos já experimentamos instantes fugazes de estar "presente", em que a mente conceitual se dilui e o céu ilimitado da consciência se faz palpável.

Porém, devido à agitação e à dispersão da mente, os conteúdos mentais nos invadem em forma de recordações, imaginação, ideias, emoções, hábitos, impulsos e desejos descontrolados, que nos impedem de reconhecer esse estado expansivo da consciência pura e ilimitada. Uma mente sem treinamento oscila entre o passado e o futuro, se identifica uma ou outra vez com as histórias e circunstâncias da vida, o que gera estresse, preocupação, ansiedade, exaltação, culpa e temor. Nesse ciclo de ilusões nos esquecemos da verdade fundamental: *quem somos?*

---

[28] BUSCATO, Marcela. Meditar para produzir. *Epoca.globo.com*. Disponível em: <https://epoca.globo.com/vida/noticia/2014/10/bmeditarb--para-produzir.html>. Acesso em: 21 mar. 2018.

A meditação é uma prática milenar conhecida por culturas e tradições ancestrais. Suas origens se perderam no tempo, mas foram encontrados no vale do Indo registros arqueológicos de esculturas em postura de lótus que datam de 5000 a.C.

Em tempos antigos, a meditação era um luxo reservado para os buscadores espirituais que encontraram nessa prática o caminho de união com o divino e o encontro com a verdade. Hoje em dia, com as exigências do mundo moderno e o ritmo estressante da vida, a meditação se transformou em uma prática indispensável para o bem-estar físico, emocional e mental de todos, e é reconhecida em diferentes âmbitos, como a Medicina, a Psicologia, a educação e o mundo empresarial.

A contribuição de Jon Kabat Zinn, criador da técnica de *Redução do Estresse Baseada na Atenção Plena* (Rebap) e mundialmente reconhecido por introduzir no mundo ocidental o ensinamento budista sobre a atenção plena, foi fundamental na expansão da meditação no mundo e para impulsionar as investigações científicas que demonstram os grandes benefícios que essa prática milenar exerce no cérebro humano e na saúde mente-corpo.

Nas palavras do autor, a meditação *mindfulness* consiste em "prestar atenção de maneira intencional ao momento presente, sem julgar".[29]

A palavra *mindfulness*, em inglês, é a tradução da palavra *sati* no idioma pali, que foi interpretado em português como "atenção plena". *Mindfulness* é o termo que foi dado à meditação no Ocidente, despojando-a de todo o contexto religioso ou filosófico para torná-la mais acessível a qualquer pessoa que queira aprender a lidar com o estresse, acalmar a mente e melhorar a qualidade de vida. O *mindfulness* extrai a essência fun-

---

[29] KABAT-ZINN, John. *Vivir con plenitud las crisis*. Tradução livre do autor. Barcelona: Kairos, 2003.

damental da meditação budista que guarda suas origens há mais de 2.500 anos. No *Sutra Satipatthana*[30] Buda entregou "os quatro estabelecimentos da atenção consciente" nos quais se expõem os pilares dessa prática:

"Monges, este é o caminho direto para a purificação dos seres, para a superação da pena e as lamentações, para a desaparição da dor e da aflição, para alcançar o caminho direto, para a realização do Nirvana, ou seja, os quatro estabelecimentos da atenção consciente. Quais são esses quatro?

Eis aqui, monges, o monge vive contemplando o corpo como corpo, ardente, plenamente atento e consciente, tendo deixado para trás a cobiça e a aflição pelo mundo.

Ele vive contemplando as sensações como sensações, ardente, plenamente atento e consciente, tendo deixado para trás a cobiça e a aflição pelo mundo.

Ele vive contemplando a mente como mente, ardente, plenamente atento e consciente, tendo deixado para trás a cobiça e a aflição pelo mundo.

Ele vive contemplando os objetos mentais como objetos mentais, ardente, plenamente atento e consciente, tendo deixado para trás a cobiça e a aflição pelo mundo"[31].

A meditação ensina a nos relacionar de maneira direta com a vida ao levar a atenção ao corpo, às sensações, às emoções e aos fenômenos mentais que surgem no momento presente, permitindo-nos abraçar os desafios, a dor, o estresse, o caos ou as experiências críticas por meio de uma consciência amorosa e sem julgamentos.

---

[30] Os *sutras* ou *suttas* são os discursos proferidos por Buda, ou por um de seus discípulos mais próximos, nos quais são expostos os ensinamentos e preceitos para alcançar a realização espiritual.

[31] MAJJIMA NIKAYA. *Sati Patthana*: los 4 fundamentos de la atención. Novelda (Alicante): Ediciones Dharma, s/d. Tradução livre do autor.

O ideal em períodos de intensa transformação é poder fazer um retiro de silêncio para estar consigo mesmo e dar-se um tempo de parar, refletir e tomar consciência de si mesmo. Se as circunstâncias externas não permitem essa pausa por falta de tempo ou excesso de responsabilidades, é importante reservar na agenda um espaço para praticar a meditação, que pode começar com cinco a dez minutos, aumentando progressivamente na medida em que você for se familiarizando com a prática. Não é por acaso que escutamos dizer: "respire profundamente antes de tomar uma decisão importante".

Dispomos a seguir uma prática simples de meditação para ser realizada todos os dias para cultivar a atenção no momento presente.

Prática de meditação

Reserve um espaço em que você possa permanecer em quietude durante quinze minutos.

- ▶ Sente-se confortavelmente com a coluna ereta em uma cadeira ou almofada.
- ▶ Observe qualquer tensão que se apresente e a libere para entrar em um estado de relaxamento.
- ▶ Permita que a respiração siga seu fluxo natural, sem necessidade de fazer esforço nenhum.
- ▶ Conscientize-se das sensações que a respiração produz em seu corpo ao inspirar e expirar. Sinta a diferença de temperatura, as sensações no abdômen, no peito, na garganta e no nariz quando o ar entra e sai de seu corpo.
- ▶ Por uns minutos mantenha a atenção nesse fluxo de vida que percorre seu corpo. Se a mente começar a viajar para o passado ou para o futuro, conscientize-se sem julgar e leve de novo a atenção às sensações da respiração.

- Ao inspirar repita mentalmente: "Inspiro, aceito a vida tal como ela é". Ao expirar repita mentalmente: "Expiro, deixo ir, estou em paz".
- Ao finalizar, agradeça e dedique sua meditação à felicidade de todos os seres.

2. Purificar-se e regenerar-se

Para escolher acertadamente você precisa se desintoxicar. A purificação permite limpar os restos do passado que deixou o terremoto material, o *tsunami* emocional, o furacão mental ou o caos que você vem atravessando em sua vida.

A purificação é um princípio que acompanha sem cessar o crescimento e é especialmente valiosa nos momentos em que se necessita desenvolver clareza e discernimento. Se queremos criar um novo destino é necessário deixar para trás o passado, as velhas crenças, as emoções negativas, os hábitos nocivos que nos mantêm estancados e sabotam a realização de nossos sonhos.

A purificação em Cóndor Blanco é integral e abarca os quatro aspectos do ser humano:

- ***Purificação corporal:*** proporciona a energia essencial de que todos necessitamos para crescer, progredir e evoluir na vida. A energia vai muito além do estado físico e inclui o nível de vibração, de magnetismo e a presença que irradia uma pessoa a seu redor. A energia se purifica, fortalece e expande com os jejuns e o detox, as práticas de naturismo e as técnicas de cura com os elementos da natureza que permitem purificar o corpo e restaurar a vitalidade.
- ***Purificação emocional:*** é importante entrar em contato com nossas emoções para purificá-las, conhecê-las e aprender a transformá-las. Existem várias ferramen-

tas de apoio nesse processo: a terapia individual, os círculos grupais e espaços de contenção, honrar as raízes e a história de nossos ancestrais, desenvolver qualidades como o perdão, a compaixão e a gratidão, que permitem liberar o passado.

▶ *Purificação mental:* purificar a mente abre espaço à criatividade e à inteligência. Observar os pensamentos e padrões mentais que mais se repetem, realizar afirmações, vocalizar mantras, visualizar positivamente o futuro e ler livros que apresentem uma nova perspectiva contribuem para a limpeza e expansão de nossa mente.

▶ *Purificação espiritual:* espiritual é tudo aquilo que o conecta consigo mesmo e permite escutar a voz interna. Praticar uma disciplina diária como a meditação, a oração ou um espaço de recolhimento e silêncio lhe permitem manter viva a conexão com o essencial, deixando de lado os condicionamentos do ego.

3. Preparar-se com as quatro ferramentas CB

Depois de fazer uma pausa para a introspecção e purificar-se do passado, agora você necessita preparar-se para um novo começo. Em Cóndor Blanco desenvolvemos uma metodologia baseada em quatro ferramentas de crescimento pessoal que preparam para realizar o caminho da ousadia:

▶ *Livros:* são uma fonte de informação e conhecimento. Ao se aprofundar nos ensinamentos que apresentam, os livros propiciam um estado de entendimento e compreensão. Em qualquer momento, os livros estão a seu alcance para guiá-lo no caminho quando você estiver desmotivado, distraído, negativo ou desconectado. Os livros o aproximam do conhecimento que outros adquiriram mostrando-lhe uma nova perspectiva da realidade. Limpam a mente e ampliam a visão.

- ▶ ***Seminários:*** nutrem sua área de interesse e levam à experiência. Os seminários são a ferramenta que permite vincular-se a outras pessoas que buscam o mesmo que você. Facilitam a experiência vivencial do conhecimento.
- ▶ ***Viagens:*** ampliam sua visão de mundo ao permitir a aprendizagem de outras culturas. Tiram você da zona de conforto, de suas rotinas e hábitos mostrando outras formas de enfrentar e relacionar-se com a vida. As viagens enriquecem culturalmente e permitem desenvolver uma perspectiva mais integradora, global e humanitária.
- ▶ ***Retiros:*** a experiência adquirida com as três ferramentas anteriores se completa com um retiro. Os retiros alinham você com a natureza, facilitam o autoconhecimento e permitem integrar o aprendido. Um retiro na natureza é o presente mais apreciado que você pode se dar na vida.

Um retiro para a alma: história de uma psicóloga em busca de paz interna

Ana Maria chegou à montanha um tempo depois de graduar-se como psicóloga em uma das mais prestigiadas universidades da Espanha. Trazia um amplo conhecimento, uma série de cursos, pós-graduações e formações que agregavam valor a seu intelecto. Porém, decidiu vir ao sul do mundo, a uma montanha no meio do nada, para fazer o retiro de quatro dias, em busca de visão, e isso me gerou curiosidade. O que ela fazia aqui se podia estar buscando um trabalho com um salário estupendo? Para que incomodar-se em um retiro se ela poderia ficar em seu lindo apartamento com comodidades junto a seus livros favoritos? Não quis indagar os motivos e deixei que ela tivesse sua experiência.

Depois dos quatro dias de busca em meio à natureza, sem contato nenhum com pessoas e em silêncio, vi no brilho de seu olhar e na cor rosa de suas bochechas que algo tinha acontecido naqueles poucos dias.

Um a um, os buscadores foram compartilhando suas vivências, no entanto ela não levantava a mão, mantinha um leve sorriso e seus olhinhos brilhavam entreabertos. Parecia meditar enquanto as histórias giravam ao redor do *tipi*. O círculo da palavra tinha concluído e quando eu ia levantar minha caneta para dar por concluído o encontro, sua mão se levantou levemente e, olhando-me com um pouco de timidez, ela pediu a palavra. Eu me detive e em seguida dirigi minha pluma a ela e lhe disse: "Está bem, conte-nos...".

Ela pegou um pouco de tabaco da oferenda e com seu olhar em direção ao fogo central rompeu o silêncio dizendo "Obrigada, obrigada, obrigada...". Em um tom pausado e sereno colocou sua oferenda e começou a falar. Ela nos contou que apesar de tudo o que sabia e de todo seu conhecimento, se sentia muito perdida na vida, não sabia para onde ir e em que focar seu trabalho. Em tudo o que ela sabia faltava substância, estava se sentindo cada vez mais apagada e sem um norte apesar de ter tanto aparentemente. Não entendia o que acontecia, necessitava de um espaço para estar com ela mesma e ganhar um pouco de clareza. E isso a levou até ali.

Compartilhou que era a primeira vez que estava sozinha, escutando a própria voz, sem receber publicidade, notícias, sem telefone nem amigos. No primeiro dia ela se sentiu muito triste, chorou e purificou muitas emoções porque se deu conta de que, apesar de tudo o que tinha aprendido, ela esteve muito longe de si mesma e de suas raízes. Ela se deu conta da dor que lhe causava a solidão, essa solidão que mostra quão distante está de si e de seu mundo interno.

O segundo dia foi o da confrontação. Ela se deu conta de que tinha assumido um compromisso e já não tinha como escapar. Foi um dia de batalha consigo mesma, questionando suas decisões, por que tinha escolhido estar em meio à natureza e naquelas condições. Sentiu-se ridícula e perdendo tempo, tantos anos dedicados à academia e agora ver-se ali, no meio de um bosque, não fazendo nada útil, olhando as árvores e o céu e os insetos.

No processo de crescimento sempre há uma etapa de luta com nossos sabotadores internos. Passada a "petulância", ela conseguiu reconhecer sua zona de conforto, sua preguiça, seus medos e seu negativismo. Reconheceu o tempo que tinha bloqueado a possibilidade de ver-se internamente com honestidade. O dia estava nublado e um pouco chuvoso, e antes de entrar de novo em questionamento, decidiu render-se e entregar-se à experiência, porque a fome e a sede não lhe permitiam alimentar sua resistência. E foi no terceiro dia que começou a sentir uma tranquilidade que transcendia a reclamação física, mental e emocional. Pela primeira vez ela vivia a experiência de estar no presente, no aqui e agora. Uma clareza invadiu sua mente despojando qualquer teoria morta e memorizada. Naquele dia, pela primeira vez, seu coração sentiu paz. E por isso dava naquele dia o obrigada.

Não voltaria a ser a mesma.

Decidindo com uma visão de 360 graus

Uma vez que tenha realizado os três passos prévios por escolha (parar, purificar-se e preparar-se), você se encontrará pronto para dar o primeiro passo rumo à ousadia.

Uma decisão correta abarca os arquétipos das quatro fases da vida: a sabedoria do ancião, a responsabilidade do adulto, a paixão arriscada do adolescente e a confiança genuína da criança. Em outras palavras, uma escolha de poder nasce de uma visão de 360 graus que alcance as quatro direções da vida: norte, sul, leste e oeste.

Na figura 2, adiante, podemos observar o ciclo de uma escolha de poder percorrendo cada uma das direções e fases da vida.

Por que começar pelo *ancião*? Porque uma decisão acertada deve ser primeiro digerida com sabedoria, estar conectada com a alma e se fazer sentir através da voz interior. O ancião tem a qualidade da introspecção, se localiza na direção norte, que conecta com o propósito de vida, que é a essência de tudo. Uma vez que a decisão se sente com o coração, passa a ser digerida pela razão do *adulto* responsável, que permitirá revestir a escolha da alma do conhecimento objetivo do mundo externo. O adulto aterrissa a decisão na direção sul, vendo as oportunidades e os desafios, os recursos a favor e as ameaças às quais estará exposta sua escolha. O adulto conhece o plano, a estratégia e permite adaptar esse impulso da alma à realidade do mundo concreto. Quando uma decisão já tem coração e mente, então pode ser entregue nas mãos da paixão do *adolescente*, acumulando a energia para lançar a flecha ao alvo. Este é o momento de acender o fogo da valentia, sem medo, sem dúvidas e sem vacilar. O adolescente está conectado com a direção oeste, com a água das emoções e a aventura de viver, entregando-se ao fluxo da vida e assumindo o risco de viver totalmente. Por último, o poder da escolha se alimenta da direção leste, onde se encontra a *criança* interior. A inocência da criança alimenta o fogo da ousadia de alegria e criatividade. É na direção leste onde nasce o sol e começa um novo dia, onde nascem as ideias e a primavera floresce.

Figura 2. O poder da escolha.

Segundo passo: sair da zona de conforto

Como romper com a força de inércia que nos mantém estancados e nos impede de avançar com ousadia?

Toda crise é um convite a se soltar e se dar conta de algo que necessita ser renovado e que não está indo pelo caminho correto. A fórmula de vida necessita ser atualizada e é importante identificar quais são os aspectos que já expiraram e requerem ser substituídos por novas atitudes, novas competências, novas emoções, novos conhecimentos ou uma nova visão da vida.

Com a mudança ganhamos muito, mas inevitavelmente também perdemos algumas coisas. A ousadia requer abrir mão daquilo ao qual nos prendemos com insistência e que nos mantêm em um estado de comodidade. A pergunta principal que apresenta este segundo passo é: o que você está disposto a soltar de sua velha vida?

Não pode existir crescimento em nossa zona de conforto. A zona de conforto é um estado mental e de comportamento que compreende tudo aquilo que conhecemos e nos faz sentir à vontade e seguros. Na zona de conforto sabemos como atuar, pensar, sentir e nos comportar para obter os mesmos resultados. Ela é útil nos processos de preservação ou manutenção, quando precisamos estabilizar algo que criamos ou necessitamos nos nutrir e restaurar nossa energia depois de um longo período de mudança e crescimento. Mas como a vida é um movimento constante e exige de nós uma constante superação, a zona de conforto se torna tóxica quando o processo de descanso e restauração se transforma em vícios como a preguiça, a indolência, a resignação, a negatividade, alimentando nossos inimigos internos e impedindo nosso processo natural de evolução.

As crises são oportunidades perfeitas para sair da zona de estancamento e abrir novos horizontes, romper com as barreiras que nos limitam, mudar de pele, transformar a visão da vida e nos desfazer dos medos que nos mantêm em um estado de mediocridade e frustração. A incomodidade, o atrito e a tensão entre duas forças são necessárias para gerar o calor da transformação e fazer brilhar nossa estrela, manifestar nosso sonho e nos realizar como seres humanos para fazer desta uma vida com propósito e significado.

O primeiro passo para enfrentar sua zona de conforto é conhecê-la. Essa zona é como um campo minado cheio de sabotadores que o limitam e o paralisam. Você deve primeiro saber identificar aquelas atitudes que o impedem de avançar e os momentos nos quais esses sabotadores se ativam.

Exercício: conhecendo sua zona de conforto

- ▶ Como é minha zona de conforto? (Descreva o estado físico, as atitudes, os pensamentos e as emoções que a caracterizam). Se é difícil identificar a zona de conforto, pense em quais seriam as desculpas que viriam à tona se você se colocasse um novo desafio.

- Em que áreas da minha vida estou atuando na zona de conforto?
- Como será minha vida daqui a cinco anos se eu continuar vivendo na zona de conforto?
- O que estou disposto a deixar para trás neste novo capítulo da minha vida?
- Quais ações decido realizar em minha vida para dar um passo à ousadia?

Em segundo lugar, para sair da zona de conforto é necessário aprender a criar novos hábitos. Começar com pequenas ações que desafiam sua comodidade é o melhor treinamento para aprender a expandir seus limites. Sair da zona de conforto estimula a criatividade porque implica fazer coisas diferentes, ampliar as possibilidades e romper com o rotineiro.

A seguir você encontrará ideias criativas que pode aplicar em sua vida diária e que permitirão sair da caixa da rotina, mantendo-o vivo e renovado.

Ideias criativas para romper com a rotina

- Pegar um caminho diferente para ir ao trabalho. Se você normalmente vai de carro, atreva-se a ir de bicicleta ou a pé.
- Comer com a mão que você não costuma utilizar para isso.
- Ao despertar, dar uma gargalhada.
- Tomar banho com água fria.
- Despertar trinta minutos antes da hora habitual.
- Iniciar uma conversa com um desconhecido.
- Efetuar mudanças em seu regime alimentício (realizar um detox, eliminar o açúcar, substituir o café por chá).

- ▶ Despertar a curiosidade por um tema novo (arte, história, política).
- ▶ Aprender um novo idioma.
- ▶ Fazer sorrir três pessoas por dia.
- ▶ Viajar a um novo país e conhecer uma nova cultura.
- ▶ Inovar na maneira de se vestir; mudar a decoração da casa.
- ▶ Cumprimentar e despedir-se de modo diferente.
- ▶ Praticar meditação trinta minutos por dia para sair do ciclo de pensamentos repetitivos.

Terceiro passo: enfrentar o que você mais teme

"Confesse seus defeitos ocultos. Aproxime-se do que lhe parece repulsivo. Ajude a quem você crê que não pode ajudar. Desprenda-se de tudo aquilo ao que estiver apegado. Vá aos lugares que lhe assustam."[32]

Machig Labdron

Seus sonhos mais amados se encontram do outro lado de seus medos e a única forma de liberar-se desses medos é aprendendo a enfrentá-los.

Enfrentar os medos nos permite avançar com o fluxo da vida. Se observarmos a natureza existe uma confiança primordial que impulsiona ao crescimento: a confiança de toda criatura para nascer neste mundo, a confiança de uma criança para

---

[32] Los cinco lemas de Machig Labdron. *Bernawang.wordpress.com*, 18 nov. 2015. Disponível em: <https://bernawang.wordpress.com/2015/11/18/los-cinco-lemas-de-machig-labdron/>. Acesso em: 21 mar. 2018. Tradução livre do autor.

aprender a caminhar mesmo tropeçando centenas de vezes, a confiança de uma crisálida para transformar-se em mariposa ou a confiança que tem uma flor para abrir-se e expor-se ao ar, ao sol, à chuva e ao frio.

As pessoas que confiam em si mesmas são as que sonham grande porque sabem que, ainda que no caminho existam obstáculos, há uma força invisível que as impulsiona a avançar e a realizar seus sonhos.

César Curti, fundador do Mahamudra Brasil, esteve conosco no verão passado, na Montanha de Chile, e me disse: "Eu tinha medo de altura e agora pratico paraquedismo. Já tenho como meta 300 saltos e além disso subirei o Kilimanjaro e o Himalaia. Eu tinha medo da profundidade e agora pratico mergulho".

O medo passa enfrentando-o. Enfrentar o que você mais teme lhe entrega um poder pessoal expansivo porque toda a energia vital se estanca por seus medos. Com a ousadia, regressa multiplicada em força e vitalidade.

Nos jornais de vez em quando são publicadas notícias de pessoas que se viram confrontadas com situações extremas que as levaram a despertar uma força inconcebível: a mãe que levanta um carro para salvar o filho, o homem que resgata a esposa de um incêndio ou o montanhista que rompe o recorde mundial em meio a situações climáticas imprevistas.

Quando o medo se confronta com a ousadia, é produzido um nível de adrenalina que conduz à ação, uma ação plenamente alinhada com o momento presente em que não existe espaço para a dúvida ou a imaginação. Pelo contrário, quando a resposta diante do medo é paralisar, essa energia é bloqueada tornando-se autodestrutiva. A energia que deveria ter sido transformada em mover os músculos e dar respostas de sobrevivência se direciona à mente condicionada e negativa que aumenta as ameaças, cria histórias e fantasias mentais de monstros invisíveis que pouco correspondem com a realidade.

Alimentar o medo nos afasta de nosso potencial criativo. A única maneira de liberar-nos desta sombra é dar-lhe a cara e avançar um passo mais. Este é o segredo da ousadia.

Honrar o herói interno

Na mitologia antiga e medieval surgem os dragões como representação dos obstáculos que todo herói deve enfrentar para encontrar o tesouro escondido no interior da caverna ou para resgatar a donzela amada. O caminho do herói representa a peregrinação que toda alma deve fazer para alcançar seu destino. Essa jornada, como bem descreve Joseph Campbell em seu livro *O herói de mil faces*, se compõe de várias etapas e aventuras que o herói deverá atravessar para alcançar o elixir de vida.

O que encontramos em comum entre os diversos mitos, passagens religiosas, contos e lendas de diversas culturas do mundo é que o arquétipo do herói não pode surgir, existir e amadurecer sem enfrentar seu inimigo e o que mais teme. Para isso, ele se verá submetido a provas e ameaças que provarão sua ousadia e sua coragem, visto que é precisamente este enfrentamento inevitável com seus medos e inimigos o que o transforma em vencedor e o faz merecedor de uma grande recompensa.

Todos de alguma forma somos os heróis de nossas vidas e temos uma história épica para contar. Uma forma de despertar o fogo da ousadia é honrando o herói que habita em nosso interior ao recordar os êxitos, os triunfos e as vitórias que alcançamos e apreciando as situações críticas das quais saímos como vencedores.

> ▶ O **êxito** está relacionado com o progresso, com o avanço no mundo externo e prático da vida: comprar uma casa, ser promovido no emprego, ser reconhecido profissionalmente, obter um título universitário,

criar uma empresa etc. O êxito é o fruto da superação pessoal, que implica avançar com esforço, trabalho, responsabilidade e disciplina.

- ▶ O **triunfo** está relacionado com o desenvolvimento e crescimento interno. Implica a capacidade de transformar nossos defeitos em virtudes, os medos em valor, as atitudes negativas em qualidades nobres. Triunfar é vencer nossos inimigos internos e fazer florescer o ser humano maduro. O triunfo é a faixa intermediária entre o progresso e a evolução, porque quando vencemos no mundo interno prosperamos no mundo externo e abrimos as portas ao conhecimento do espírito.
- ▶ A **vitória** está relacionada com nossa alma e a realização do propósito de vida. A vitória é espiritual e se relaciona com a consciência, a evolução e o conhecimento de si mesmo. Despertar os dons e talentos, desenvolver o potencial inato, cumprir nossa missão de vida e deixar um legado neste mundo é a maior das vitórias.

O exercício a seguir permitirá honrar o herói interno ao recordar as situações desafiantes que o fortaleceram. Se alguma vez você foi capaz de superar os temores e dar um passo adiante significa que essa força e coragem está disponível para você neste momento presente e poderá ser despertada ao apreciar e valorizar o caminho escolhido. Reviver as experiências de êxito, triunfo e vitória lhe permite reforçar as conexões neuronais associadas à ousadia.

Exercício

1. Nomeie alguma crise ou algum desafio importante que você enfrentou em sua vida.

2. Em qual área de sua vida se manifestou (profissional, econômica, emocional, existencial, vocacional, espiritual etc.)?
3. Como você a enfrentou?
4. O que você precisou mudar? O que aprendeu?
5. Quais foram os recursos internos que você despertou para renascer das cinzas? Nomeie ações, atitudes, pensamentos, competências, práticas ou disciplinas que o apoiaram.
6. Quais foram os apoios externos (amigos, família, terapia, cursos, livros, retiros, viagens)?
7. Quais foram os tesouros que você trouxe ao mundo ao atravessar esse processo caótico? Contribuíram para o êxito, o triunfo ou a vitória?

Quarto passo: criar redes de apoio

> *"Somos a média das cinco pessoas com as quais passamos mais tempo."*[33]
>
> *Jim Rohn*

Estes não são tempos de lobos solitários. São tempos de solidariedade, de trabalhar em equipe, de intercambiar conhecimentos, de complementar os talentos e unir forças. Estamos saindo da era depredadora do egoísmo, que tanta destruição e desigualdade deixou no mundo, e estamos entrando na espiral da colaboração e das redes de apoio. Podemos pre-

---

[33] RUBIN, Alberto. Las 71 mejores frases de Jim Rohn (éxito y liderazgo). *Lifeder.com*. Disponível em: <https://www.lifeder.com/frases-jim-rohn/>. Acesso em: 21 mar. 2018. Tradução livre do autor.

senciar esta tendência hoje em dia nos negócios do mundo digital que já não se baseiam no princípio da competitividade, mas no das alianças que buscam um ganha/ganha.

Para avançar na conquista de seus sonhos é muito importante que você estabeleça uma rede de apoio com quatro elementos essenciais: a tribo, os mentores, o círculo de influência e o serviço.

▶ **Encontre sua tribo**

A tribo é esse grupo de pessoas com quem você vibra e ressona, compartilha os mesmos valores, tem interesses em comum e caminham juntos em direção a um mesmo propósito na vida.

Uma tribo abraça desde o coração e acelera seu processo de crescimento pessoal.

Essas pessoas servirão de espelho para ver seus defeitos e virtudes, descobrir os aspectos que você deve trabalhar e que lhe permitem polir com consciência o diamante interno.

A tribo ajuda a sanar as feridas do coração, como a rejeição, o abandono, a solidão, o sentimento de injustiça ou o medo de traição.

Uma tribo inspira, motiva; lhe dá contenção quando dela necessitar; celebra suas conquistas; dá força para enfrentar os desafios; oferece alento quando você crê que tudo está perdido; oferece o presente da amizade. E oferece a oportunidade de aprender a amar, escutar, compreender e ajudar outros como você, que estão na busca da felicidade.

▶ **Aprenda com mentores e mestres**

A vida é um constante dar e receber, aprender e ensinar. No caminho da ousadia, é importante que você se inspire em mestres e mentores e aprenda o que eles têm para dar, por sua experiência de vida e sabedoria alcançada.

Em minha vida tive a sorte de ter grandes mestres e mentores, como meu mestre raiz Manque Liuk (Cóndor Blanco), minha avó, a curandeira Águia Celeste, meu mentor francês Robert Bonarc, o Dalai Lama, o Lama Dorje e vários xamãs. Tudo o que sou devo a eles por terem me transmitido um conhecimento e pelos treinamentos especiais que me levaram a despertar e a sair da ignorância.

Desde que nascemos até morrermos estamos aprendendo porque o conhecimento e o saber são ilimitados.

▶ **Escolha seu círculo de influência**

As pessoas que o rodeiam exercem uma grande influência em sua vida, especialmente aquelas cinco com as que você mais compartilha seu tempo e sua energia.

▶ **Busque servir aos demais**

O segredo da felicidade verdadeira está em servir aos demais. Podemos observar a qualidade do serviço na natureza: o Sol ilumina todos os seres; a árvore cresce frondosa com o objetivo de dar frutos e sementes; a água aplaca a sede, refresca e purifica, sem guardar nada para si mesma. Servir é praticar a generosidade com o mundo.

De que serve ter riqueza ou sustento se não é para compartilhar com os demais?

De que serve sermos felizes se os demais ao redor são infelizes?

De que serve acumular conhecimento se não é para ensinar aos outros?

Por natureza, somos seres sociais e afetivos. Vivemos e existimos em uma relação de interdependência com todos os seres. Portanto, o serviço aos demais é parte do propósito da vida.

Exercício

▶ Faça uma lista com cinco a dez personagens famosas que mais o inspiram.

- ▶ Escreva na frente de cada uma delas as qualidades que você mais admira nelas.
- ▶ Se essas qualidades habitassem dentro de você, como seria sua vida? O que mudaria?
- ▶ Faça uma lista das dez pessoas que mais fazem parte da sua vida.
- ▶ Escreva na frente de cada uma delas as qualidades e atitudes que as caracterizam.
- ▶ Reflita na influência que esse círculo próximo exerce em sua vida. Sua presença o inspira à ousadia? Suas atitudes são motivadoras? Suas ações o convidam a conquistar seus sonhos? São pessoas que lhe nutrem ou lhe trazem energia?
- ▶ Se pudesse eleger cinco novas amizades para atrair para sua vida, como você gostaria que elas fossem? (Descreva a profissão, o estilo de vida, a nacionalidade, a idade, os talentos, a personalidade.)

Quinto passo: superação constante

Para manter o fogo da ousadia são necessárias três qualidades: disciplina, diligência e persistência.

Se aceitamos os desafios e as oportunidades de crescimento integral, não basta ficarmos quietos esperando que as bênçãos caiam do céu. Portanto, temos de despender toda nossa energia para dar o salto ao desconhecido. E além disso, nestes tempos de mudança, para sair dos destinos medíocres e dar um salto a um destino extraordinário, devemos colocar atenção às duas linhas da vida: *a linha horizontal do progresso* e *a linha vertical da evolução*.

- ▶ **A linha do progresso** está relacionada com a terra em nossas vidas.

O progresso é o aspecto visível dos processos de superação e desenvolvimento humano que consistem em conseguir:

prosperidade e felicidade, superar os defeitos e debilidades, realizar-se profissionalmente, progredir e formar uma família, despertar os talentos, aprender novas competências, cultivar relações humanas de qualidade, formar uma equipe de trabalho, cumprir os objetivos e as metas a que nos propusermos.

O avanço na linha do progresso depende do esforço e da superação.

> ▶ **A linha da evolução** está relacionada com o céu em nossas vidas.

A evolução tem relação com o processo de crescimento interno da alma; com o desenvolvimento de corpo mental forte e com a riqueza do espírito. Os frutos da evolução são a força de vontade, o amor verdadeiro, a sabedoria e o poder de transformar-se, realizar-se, de transcender ou liberar-se.

A evolução se cultiva com a consciência e o autoconhecimento através da reflexão, da compreensão, da meditação, da oração e da contemplação.

Se em um caminho integral expandimos as linhas e a esfera do progresso e da evolução, será possível transcender o cerco do medo e os destinos ordinários, e assim gestar um destino extraordinário, que consiste em manifestar no mundo visível o autêntico propósito de sua vida, a que me refiro como uma vida valiosa.

A ousadia é como o elemento fogo, que só pode brilhar quando está em constante movimento. É necessário ter vontade para avançar um passo a cada dia sem deixar que a energia se estanque. Não é uma vontade militar, que se torna rígida e fria ao cair no automatismo da rotina ou no autoritarismo da obrigação do que se deve cumprir. A vontade da ousadia está viva e iluminada pela paixão que desperta o fato de ter um sonho e um propósito de vida que nos inspira a superação e a elevação.

Figura 3. Progresso e evolução.

Em um mundo como este é necessário despertar a força da superação constante para que a tendência à gravidade não nos puxe para a mediocridade.

Em seguida recomendo alguns pontos que ajudarão a avivar a superação:

Estilo de vida

Manter uma disciplina de vida é indispensável para superar-se cada dia. Adote um estilo de vida que seja favorável para seu crescimento e lhe encha de vitalidade, motivação e energia. Estes são alguns pontos que ajudarão a ter uma melhor qualidade de vida:

- ▶ Tenha uma alimentação saudável à base de verduras, frutas, grãos e cereais.
- ▶ Beba dois litros de água diariamente.

- Realize uma prática corporal (exercício, ioga, artes marciais).
- Realize jejuns ou detox regularmente.
- Desperte cedo, com os primeiros raios de Sol.
- Respire com consciência.
- Visualize seus sonhos, suas metas e seus objetivos realizados.
- Medite diariamente e cultive o silêncio interno.
- Reserve em sua agenda espaços de descanso e de autocuidado.
- Compartilhe mais com os seres que você ama, cuide de suas relações.
- Faça retiros na natureza para entrar em conexão com sua essência.
- Harmonize e ordene os espaços onde você vive e trabalha.
- Simplifique sua vida.
- Pratique a gratidão.

Criatividade e inovação

Na era da informação, quem não se atualiza e renova constantemente se tornará obsoleto e será substituído por máquinas e robôs. Para que isso não aconteça é necessário despertar o espírito da superação e a capacidade de ser criativo para responder assertivamente ante a incerteza que apresentam estes tempos de mudança.

Em uma entrevista para a *Infobae* da Argentina, a figura do management da América Latina, Alejandro Melamed, afirma:

> Os estudos dizem que todo aquele trabalho que for repetitivo, de baixo valor agregado, em que não há inteligência

emocional nem haja criatividade nem julgamento crítico a serviço disso vai desaparecer.[34]

Em seu livro *El futuro del trabajo y el trabajo del futuro* (Argentina: Planeta de Libros, s/d), Melamed trata da diferença entre "emprego" e "empregabilidade". O primeiro é o trabalho que se tem hoje, o segundo é a habilidade de gerar trabalho agora, em seis meses, em um ano ou em dez anos. Todos teremos de aprender a desenvolver a capacidade de gerar emprego, de desenvolver novas competências e ampliar os conhecimentos em diversas áreas para poder aplicá-los ao mundo do trabalho. A realidade dos jovens de hoje é muito distante dos de anos atrás em que se encontrava trabalho depois de ter finalizado a graduação. As taxas de desemprego atuais aumentam a cada dia e a instabilidade laboral só aumenta.

Com o desenvolvimento do mundo digital, a nanotecnologia, a biotecnologia, a robótica, a medicina do futuro e toda a inovação tecnológica, se aproximam mudanças inimagináveis para a humanidade. A maioria das profissões estará obsoleta porque as máquinas realizarão suas funções. Os valores que estão tomando força e relevância para aprender a surfar nesta era da mudança são a criatividade, a capacidade de adaptação e de inovar ante o inesperado. É necessário desenvolver as "habilidades leves" que não se aprendem na universidade, como a inteligência emocional, a comunicação, a motivação, o poder de influência e a capacidade de relacionar-se assertivamente.

---

[34] HADAD, Camila. Alejandro Melamed: "Hoy en día el analfabeto es el que no tiene cultura digital". *Infobae*, 17 junho 2017. Disponível em: <https://www.infobae.com/sociedad/2017/06/17/alejandro-melamed-hoy-en-dia-el-analfabeto-es-el-que-no-tiene-cultura-digital/>. Acesso em: 21 mar. 2018. Tradução livre do autor.

Redesenho constante

A ousadia nos convida a ver a vida com novos olhos e a ampliar os limites do inesperado.

Há uns anos se escutava falar que o ser humano só utilizava 1% de sua capacidade cerebral, porém os cientistas retificaram esse ponto de vista ao demonstrar que não é que utilizemos uma porcentagem mínima da capacidade do cérebro, mas que sempre usamos as mesmas redes neuronais. Em outras palavras, a vida é um universo infinito de possibilidades, mas temos a tendência a pensar, sentir e atuar sempre da mesma forma.

A ousadia implica fazer uso da neuroplasticidade cerebral, sair da caixa e nos atrever a pensar, sentir e se comportar de maneira diferente. Se queremos forjar um novo destino e dar o salto ao desconhecido, precisamos criar novas conexões neuronais.

Rick Hanson, PhD em Psicologia e autor de *O cérebro de Buda*, explica que aquilo em que pensamos, o que sentimos e desejamos, no que prestamos atenção todos os dias, os comportamentos que temos, as reações e os hábitos são os fatores que moldam nosso cérebro. Queiramos ou não, nosso cérebro está mudando, adaptando-se e moldando-se momento a momento. Moldar o cérebro é como caminhar sobre a grama sempre na mesma direção; com o tempo vai se formando um sulco com nossas marcas, mas se deixamos de andar por esse mesmo caminho a grama crescerá e nossos rastros desaparecerão. O fato de que nossos pensamentos, comportamentos e sentimentos criam caminhos neuronais também explica por que é difícil mudar ou deixar um mau hábito de lado: condicionamos nosso cérebro, por isso temos a tendência a voltar ao caminho conhecido.

As crises são oportunidades de abrir novos sulcos neuronais e de redesenhar nossas emoções, pensamentos e ações, transformar os velhos padrões cognitivos e, por que não, dar uma reviravolta completa de vida. Atreva-se cada dia a dar um salto para o desconhecido. O mundo está destinado àqueles que têm a coragem de abrir as asas em busca do inesperado.

Amplie seus limites

- Pratique meditação. Ao observar com consciência os pensamentos e as emoções repetitivas sem identificar-se com eles, os padrões reativos vão perdendo força, ativando novas áreas do cérebro relacionadas à atenção, à empatia, à criatividade e à felicidade.
- Atreva-se a fazer um esporte extremo que rompa os limites de seus medos.
- Quando tiver um julgamento ou uma crítica a algum de seus amigos ou companheiros, tome consciência e permita-se questionar seu ponto de vista. É realmente verdade isso que estou pensando? Coloque-se no lugar do outro e veja o mundo através de seus olhos.
- Cultive o amor e a compaixão para transformar o egoísmo e expandir o coração. Comece pelos seres que você ama até praticar a compaixão com aquelas pessoas que o desafiam e são fonte de conflito em sua vida.
- Pratique uma arte: aprenda a tocar um instrumento musical, cante, dance, pinte ou inscreva-se em um curso de teatro.
- Faça uma viagem a um lugar exótico ou visite uma fundação onde você poderá aprender com pessoas que vivem em condições diferentes das suas.

Capítulo VI
Os pilares da ousadia ◄

> *"A vida é tão efêmera como o orvalho na grama."*[35]
>
> PADAMPA SANGYE

---

[35] SANGYE, P. Cien versos de consejo. *Budismolibre*. Disponível em: <http://www.budismolibre.org/docs/sutras/Paramabuda_Padampa_Sangye_Cien_Versos_de.pdf>. Acesso em: 20 mar. 2018. Tradução livre do autor.

Em uma remota aldeia localizada no ártico canadense, existe uma comunidade esquimó da etnia dos innuits chamada Salluit. Ali seus 1.300 habitantes convivem diariamente com o gelo e a neve e onde nos invernos as temperaturas podem chegar aos -25 °C.

Só se pode chegar a esse lugar de avião. O isolamento e o mau clima têm sido fatores determinantes e têm trazido severas consequências a sua população, onde a depressão, a criminalidade e a violência de gênero sempre aumentam e mais de 50% das jovens já tinham sofrido abusos sexuais, as gestações na adolescência faziam com que as traumatizadas jovens desistissem e os suicídios se tornaram habituais entre a juventude.

A canadense Maggie MacDonnell estava na África quando sua irmã lhe disse que nesse inóspito destino precisavam de uma professora. Decidiu, então, mandar seu currículo. Depois de uma breve entrevista por Skype, MacDonnell ficou com o posto e foi destinada a trabalhar na Ikusik School, um estabelecimento de duzentos alunos acostumados a ver os professores novos partindo com a mesma facilidade com que chegavam.

Quando lhe perguntaram por que elegeu essa localidade para trabalhar, MacDonnell respondeu: "Quero realmente fazer valer meu título de professora e devo deixar de lado a comodidade da grande cidade e arriscar-me a ensinar onde ninguém se atreva a ir. O que mais me chamou a atenção foi viver no interior de uma comunidade indígena; senti um forte chamado para compreender melhor minha própria história e me sentia muito privilegiada de poder trabalhar lá".[36]

O que torna essa professora canadense tão ousada?

Conseguiria alterar uma comunidade quase condenada por suas circunstâncias?

MacDonnell reconheceu que levou quase dois anos para integrar-se. O fato de ser uma canadense não indígena em terras colonizadas era muito mais polêmico que ser uma canadense na África. A desconfiança dos estrangeiros só crescia ao ver que não resistiriam ao isolamento, ao frio e à realidade social que enfrentavam. Porque além de tratar de sobreviver a suas dificuldades, eles tinham de educar quem supostamente vinha trabalhar com eles. Ela compreendeu que a primeira coisa que devia fazer se quisesse ganhar a confiança desses jovens e ser validada pela comunidade, para devolver-lhes o entusiasmo e a vontade de estudar, era antes de tudo utilizar uma fórmula simples: ter dois olhos, duas orelhas e uma boca.

"Tratei de escutar e ver muito antes de emitir qualquer julgamento sobre algo. Sentia que meus alunos eram como *icebergs*. Se eu só reagisse quando eles estivessem se comportando mal, talvez os castigasse. Mas se eu olhasse debaixo da superfície, que é onde está 80% do *iceberg*, eu via alunos que se sentiam sozinhos ou lidavam com um trauma muito grande. Entendi que necessitavam de compaixão e não de castigo. Assim, tive de ser muito paciente."

Sua meta era que muitos desses jovens que mesmo aos 12 anos tinham abandonado os estudos voltassem, ficassem alguns anos e, quem sabe, se graduassem. Mas para isso eles teriam de

---

[36] LONDOÑO, C. ¿Quién es Maggie MacDonnell? Así contó su historia la mejor profesora del mundo. *Eligeeducar*, 22 jun. 2017. Disponível em: <http://www.eligeeducar.cl/quien-maggie-macdonnell-asi-conto--historia-la-mejor-profesora-del-mundo>. Acesso em: 21 mar. 2018. Tradução livre do autor.

confiar nela, e isso não era fácil. Sobretudo porque ela não era inuit.

Com a mente aberta para aprender, a determinação de fazer bem seu trabalho e a motivação para ajudar esses jovens problemáticos, dedicou-se a escutar suas histórias de abandono, vício e abuso. Muitos lhe perguntaram: como ela conseguiu esse nível de intimidade com eles? Ela respondeu que em seu tempo livre apoiava qualquer atividade que tivesse no centro comunitário. Independentemente de para que necessitavam de voluntários, ali estava ela. Em meio a todo esse longo processo de integração à comunidade e entendendo melhor seus problemas, se sentia incapaz de combater a grande tragédia dos salluit: os suicídios entre adolescentes (ela perdeu dez alunos).

Foi no funeral de um aluno, onde presenciou toda a dor de seus companheiros quando o enterravam, que entendeu a desolação que sentiam esses adolescentes e que só queriam ter um lugar seguro onde pudessem sentir-se protegidos. Então lhe ocorreu que através do esporte poderia ajudá-los a liberar suas emoções e propor-lhes sonhos, e dessa maneira ela também acompanharia esse processo.

Sua proposta foi desenhar um programa de habilidades para a vida que ajudasse a reverter o alto índice de desistência nos estudos e motivar as crianças e os jovens a avançar para a etapa seguinte. Foi assim que desenhou o que chamou de "aprendizado baseado em um projeto". Esse programa aumentou a inscrição de alunos no colégio em mais de 500% e se baseia nas seguintes linhas gerais:

1. Motivar os jovens a estudar: com aulas que sejam de seu interesse, como culinária, construção ou mecânica, o que despertou a curiosidade dos adolescentes, uma vez que sabiam que estavam aprendendo um ofício que lhes serviria como fonte de trabalho e que poderiam desenvolver sua criatividade e se divertir enquanto aprendiam.

2. Oferecer seus talentos para melhorar a comunidade: desenvolveram um restaurante comunitário, no qual todos os dias os alunos do Iksuik School preparam menus saudáveis para toda a comunidade escolar e também para as pessoas mais necessitadas.
3. Criar um centro de esportes: para melhorar a qualidade de vida, ter um espaço de lazer, liberar estresse por meio dos exercícios, aumentando os níveis de endorfina e de bem-estar como a base que permite erradicar vícios e promover um estilo de vida mais saudável.
4. Fortalecer o comércio local: a professora se deu conta de que a maioria dos produtos era importada, por isso incentivou os jovens da comunidade a abrir uma loja que vendesse produtos de segunda mão. Ensinou-os desde cedo sobre empreendedorismo, liderança, gestão de dinheiro, administração e ordem, o que beneficiou toda a comunidade com produtos em perfeito estado, que podiam ser adquiridos com um preço muito conveniente.
5. Devolver-lhes a segurança em si mesmos: desenvolver a autoconfiança e autoestima nos jovens da localidade, outorgando-lhes ferramentas para que pudessem acreditar em seus sonhos, apoderar-se, desenvolver seus talentos, aprender ofícios práticos e utilizar todos os recursos internos que têm um fim maior que beneficie e influencie positivamente suas famílias e sua comunidade. Ensinou-os ainda a apreciar o próprio corpo e a cuidar dele com esporte e uma alimentação saudável.

Depois de seis anos de árduo trabalho, conseguiu mudar a vida dos estudantes e transformar essa comunidade, ensinando e promovendo ativamente uma mudança de hábitos e vícios prejudiciais por meio do esporte e da alimentação saudável. Maggie MacDonnell aos 37 anos recebeu o prêmio "Nobel" da Educação, dado pelo Global Teacher Prize da Fundação Varkey, no qual concorriam mais de vinte mil docentes de 179 países. A razão pela qual os jurados a escolheram como "a melhor professora do mundo" foi porque conseguiu, através dos problemas de seus alunos, encontrar soluções criativas que devolvessem a esperança a eles e a suas famílias para poder impulsionar seu destino de uma forma positiva e reconciliadora.

O primeiro-ministro canadense Justin Trudeau a parabenizou, destacando seu valor para "realizar coisas extraordinárias em circunstâncias excepcionais", e acrescentando que "ela deu uma demonstração de grandeza de coração, de vontade e de imaginação". Decidiu oferecer 1 milhão de dólares para a criação de um programa que ajudasse a manter as tradições culturais da população esquimó da região.

"Meu papel é mostrar-lhes que as oportunidades devem ser criadas e que eles podem alcançar suas ambições. Eu me sinto muito orgulhosa de meus estudantes."

O **poder da ousadia** lhe permitirá transformar vidas, integrar-se em uma remota comunidade indígena no ártico, fornecerá a humildade para envolver-se profundamente com seu povo, a sabedoria para confiar em sua intuição e a persistência para ter um impacto positivo em seu mundo.

A **ousadia** é o que lhe faz conectar-se ao poder de sua alma e a escutar e seguir essa voz interior que lhe guia, voz que vem de sua essência e que está diretamente conectada a seu propósito.

> *"Se você desperdiça sua presente vida de forma banal, e se vai com as mãos vazias, no futuro será muito difícil voltar a encontrar uma vida humana."*[37]
>
> *Padampa Sangye*

---

[37] SANGYE, P. Cien versos de consejo. *Budismolibre*. Disponível em: <http://www.budismolibre.org/docs/sutras/Paramabuda_Padampa_Sangye_Cien_Versos_de.pdf>. Acesso em: 21 mar. 2018. Tradução livre do autor.

Como você quer viver sua vida?

Essa é a pergunta primordial que inicia toda jornada de transformação ao progresso.

Avançar no progresso não é uma garantia de que evoluímos como ser humano. É certo que obteremos o que buscamos, mas é bom ter uma nobre intenção que nos guie na direção correta para nos ajudar a escolher o caminho para a realização.

Por muitos anos foquei em compreender as pessoas. Para isso investiguei uma infinidade de religiões, ideologias, filosofia, psicologia. Sem dúvida há uma série de categorizações para descrever as pessoas por trás da pessoa. E a melhor conclusão que posso oferecer neste livro é que há dois tipos de pessoas no mundo: as que são negativas e as que são positivas. Isto é, as que se deixaram influenciar pela polaridade negativa e vão se degradando na involução e as que se apoiaram na polaridade positiva e estão no caminho da evolução.

Os **negativos** olham para o passado e se prendem mais às emoções geralmente dolorosas e traumáticas que ao futuro. Enchem-se de ansiedade, focam os problemas que terão, em como pagarão as contas, imaginando o fim de suas relações, antecipando todo tipo de fatalidades esquecendo que cada pensamento gera cargas elétricas de medo, angústia e frustrações que viajam pelo cérebro e que predispõem todo o organismo a esses estímulos negativos. Esquecem que a mente é muito poderosa e que para criar mudanças importantes é vital estimular a neuroplasticidade, ativando conexões novas e positivas por meio de imagens, palavras, emoções e meditação para gerar uma carga positiva no organismo que afete silenciosamente a predisposição do corpo para criar novos resultados.

Os **positivos** aceitam sua história, abraçam seus traumas e dores na mesma medida em que estão dispostos a soltar a tristeza e a raiva que essas experiências possam ter gerado para aprender e ressignificar suas memórias. Focam seus sonhos e se esforçam para alcançá-los, mas nunca esquecem que o verdadeiro poder está no aqui e no agora. E além de desfrutar seu presente, valorizam e apreciam o que têm no momento preciso.

O inimigo da ousadia é o medo. O medo que tenta a todo custo evitar o inevitável: a mudança. A mudança natural nos conduz de uma estação da vida à outra, a mudança nos leva através das etapas da vida: nascimento, crescimento, morte e renascimento. Para saber para onde vamos é necessário escutar a voz interior, mas antes de ouvir essa voz que surge de nossos aspectos essenciais devemos calar a voz do ego que constantemente se compara despertando o que os budistas chamaram de seis venenos: raiva, orgulho, apego, inveja, ciúmes, ignorância.

O ego é insaciável e lhe diz: isso que eles têm é melhor do que o que você tem; veja a casa nova que compraram seus amigos, o carro último modelo, as fotos de suas férias, o telefone mais atual que o seu, a carteira de marca que compraram no exterior. Então você cai na armadilha e começa a perseguir cegamente poder, dinheiro, beleza, bens e todo tipo de conquistas e, ainda que os alcance, só trazem frustração e vazio, afastando-o do que é essencial e verdadeiro. O ego não pode ser eliminado, mas devemos aprender a mantê-lo sob controle.

Missão: seguir o ego ou a alma

Como manter o ego sob controle e escutar a voz da alma?

Cada ser vem com uma missão particular. Cada ser encarna com um registro genético ou energético que influencia seu cotidiano. Nas culturas orientais isso se chama karma; nas culturas ocidentais isso é conhecido como epigenética. Essa evolução não surge por casualidade, é parte de um profundo processo de *autorresponsabilidade*, é o começo do poder pessoal para assumirmos o controle de nosso destino e deixar de ser vítimas de nossos pais, de nossa história, de nossas decisões ou indecisões pretéritas e avançar com determinação ao que desejamos. O poder pessoal é a força interior tripla de *autorresponsabilidade* e *autoconfiança*, que nos leva diretamente ao *autoconhecimento*, que é o impulso para indagar em nosso interior em uma busca de respostas e de fortalezas, que nos permitirão avançar em nosso caminho e no destino particular traçado. A *autorresponsabilidade* e a *autoestima* saudável e balanceada são a base para que a *autoconsciência* floresça. Então poderemos avançar pela vida com um eu saudável e em equilíbrio, que não se deixa manipular pelo ego e abre espaço para escutar a voz interna, ou seja, conectar-se com a alma, e desde aí trabalhar em seu melhor destino.

Os pilares do poder pessoal são:

1. Autorresponsabilidade.
2. Autoconhecimento.
3. Autoestima.
4. Autoconsciência.

Esses pilares são os que criam a estrutura de um bom aprendiz e permitem que a ousadia possa ser um ato nobre e não uma rebeldia sem causa.

Autorresponsabilidade

"Seja a mudança que você quer ver no mundo."[38]

Gandhi

Por que é importante aumentar minha autorresponsabilidade?

Não faz muito tempo, o ser humano saía de sua etapa primitiva de caçadores. Ele acreditava em toda classe de espíritos que habitavam na natureza. Graças a seus favores e simpatias, o ser humano achava que estava protegido de doenças e diversas ameaças que enfrentava para se manter com vida. Era

---

[38] ZARAGOSA GAY, V. *Filosofía rebelde*: un viaje a la fuente de sabiduría. Tradução livre do autor. Barcelona: Kairos, 2010, p. 93.

em decorrência da relação que estabelecia com eles que conseguia o alimento, o abrigo e a precária segurança que tinham. À medida que evoluímos, as diversas religiões e monarquias autoritárias foram moldando o pensamento e eximindo o ser humano de toda responsabilidade sobre sua vida, ao estar predestinada pelo favor dos deuses ou reis e evitar as punições do sistema em caso de não cumprir as normas estabelecidas pelo patriarcado: escravidão, desigualdade e uma estrita ordem de classes sociais era a pauta que restringia sua liberdade.

Durante a era industrial se estabeleceu uma clara linha de comportamento legal, burocrático e empresarial em contraste com a liberdade de pensamento, que deu lugar e permitiu a expansão da ciência moderna. E ainda que a abolição da escravidão tenha sido decretada no Brasil em 1888 e o sufrágio feminino tenha sido estabelecido em 1934, apesar de na atualidade a genética e a neurociência afirmarem que a biologia nos determina, o cérebro continua sendo um mistério para os melhores cientistas do mundo, que o investigam no Human Brain Project e prometem desvendar sua infinita capacidade. Todas as ideias deterministas eliminam ou diminuem a autorresponsabilidade.

Mas nesta nova era da informática vem uma mudança de paradigma radical em que se impulsionam os empreendimentos, a inovação e tudo o que possa tornar mais sustentáveis as organizações existentes. Os organismos criados no passado, como os sistemas políticos, governamentais, bancários, religiosos e as empresas, não utilizam todas as possibilidades. Quando saímos da inércia do estabelecido e fazemos o que outros não fizeram, é certo que obteremos resultados superiores. Neste tempo há uma sede de transformação; e para acompanhar esta revolução é transcendental assumir a responsabilidade de nossa própria vida e de nossas decisões. Só ignorando as crenças estipuladas poderemos obter resultados extraordinários.

Para poder criar autorresponsabilidade e poder pessoal é imprescindível começar a organizar seu tempo. Criar hábitos que ajudem a encontrar soluções criativas e aprender a improvisar perante as adversidades fazendo bem, com rapidez e eficiência a tarefa que você tem em mãos, aproveitando as possibilidades existentes para beneficiar o maior número de pessoas possível.

As pessoas com autorresponsabilidade e poder pessoal constroem um pensamento próprio e isso sempre deriva em criar uma vida não convencional, sair da norma e estabelecer seu próprio caminho tanto para educar-se, como para trabalhar criando um impacto notável no mundo que as rodeia.

A autorresponsabilidade e a autoconsciência são a base da nova humanidade para ter a responsabilidade de nossa vida em nossas mãos.

A autorresponsabilidade é o primeiro passo para o processo de individualização de que tanto falou Jung. À medida que tomamos as rédeas de nosso destino, deixamos de lado o hábito de nos sentir vítimas das situações, das pessoas e de todo o externo que nos afeta e começamos a fortalecer nosso sentido de independência e autonomia. Unicamente quando estamos cansados do passado e atingimos o fundo, essa decisão surge com uma determinação absoluta e é parte natural de um processo de maturidade, no qual deixamos de esperar que o externo nos traga como por magia as soluções para nossa vida.

A mudança tem de vir de dentro para que repercuta fora. Além disso, é a única mudança que pode ser segura e significativa porque depende absolutamente de nós.

Autorresponsabilidade é a chave de todo empreendedorismo, e esse é o indivíduo que tem consciência e empoderamento porque tem a convicção e está disposto a fazer seu melhor esforço para converter a realidade em algo melhor.

De que somos responsáveis?

- ▶ de nosso corpo, nossa saúde e nossa energia;
- ▶ de nosso trabalho e nossa sobrevivência;
- ▶ de nossas relações pessoais e laborais;

- de nossa aprendizagem e nosso conhecimento;
- das oportunidades que temos.

Se não assumimos essas responsabilidades básicas, nossas possibilidades de amadurecer e assumir a vida diminuem, não poderemos assumir compromissos nem fazer alianças, criar empresas, cumprir o que prometemos, arriscar e ter a força de nos levantar sozinhos se fracassarmos, assim como ter a humildade e o equilíbrio de abraçar os triunfos, soltá-los e seguir nosso caminho.

Exercícios de autorresponsabilidade

1. Quais são os problemas ou dificuldades dos quais você se queixa neste momento?
2. Quais áreas de sua vida você considera que descuidou mais nos últimos anos?
3. O que você pode fazer nos próximos dias, meses e anos para transformar esses problemas e encontrar soluções?
4. Você está disposto a assumir o compromisso de dar o primeiro passo?

Autoconhecimento

"A dor termina só através do conhecimento próprio, da lúcida percepção alerta de cada pensamento e sentimento, de cada um dos movimentos do consciente e do oculto."[39]

J. Krishnamurti

Que técnicas podem facilitar meu autoconhecimento?

"Conheça a si mesmo" talvez seja a frase mais famosa da antiga Grécia. Estava inscrita no templo de Apolo, em Delfos.

---

[39] KRISHNAMURTI, J. *Diario I*. Tradução livre do autor. Barcelona: Kairos, 1999, p. 25.

Conta a lenda que Zeus fez voar duas águias de dois pontos opostos do Universo e que as águias se encontraram em Delfos. Nesse lugar Zeus colocou o onfalo, uma pedra cônica que simbolizava o umbigo do mundo. Também se conta que foi ali que Apolo matou o monstro Píton, por isso o lugar se converteu no santuário de toda a Grécia.

Acredita-se que essa advertência tão simbólica tinha uma estrita conexão com o propósito dos visitantes que chegavam para escutar as revelações do oráculo e suas pitonisas que canalizavam as mensagens dos deuses. Porque quando uma pessoa conhece a si mesma é possível ter acesso ao conhecimento do divino e, portanto, de tudo que existe.

Sócrates dizia que uma vida sem reflexão não vale a pena ser vivida. Portanto, na premissa "conhece-te a ti mesmo" se encontravam escondidas as três perguntas milenares essenciais:

Quem sou?
Sei de onde venho?
Para onde vou?

O autoconhecimento se transforma em um caminho de aperfeiçoamento constante e de compreender a própria natureza e suas limitações para então começar a desenvolver-se até alcançar a realização com suas quatro fases ou etapas:

1. Compreender-se.
2. Aceitar-se.
3. Estudar a própria alma.
4. Transformar-se no processo.

Essas fases atuam como bússolas que permitirão orientar sua própria vida e suas ações de acordo com seus interesses e seu propósito maior. Se você se mantém presente ao longo da vida, as probabilidades de perder tempo ou procrastinar diminuem.

Diversas técnicas nos permitem nos conhecer em profundidade. No entanto, de todas as que existem, recomendo àqueles que querem entender melhor a si mesmos indagar sobre seu nascimento, pois revela como foi sua primeira aproximação com a vida: como fomos gestados, em quais condições chegamos ao mundo, sob que circunstâncias e de que maneira essas impressões foram abrindo sulcos em nossa psique.

Estudar o corpo e os centros energéticos chamados chacras também é revelador para entender as mensagens que as doenças recorrentes nos enviam, reconhecendo o corpo como um reflexo do que sentimos ou pensamos. Tratar as verdadeiras causas da doença pode estabelecer os padrões das relações que construímos e pode ser um aporte à hora de compreender o que se repete por meio de nossos vínculos: como começamos nossas relações, como se desenvolvem e como terminam.

Uma vez que você encontra os padrões dominantes, é mais fácil evitar a repetição.

O conhecimento de si mesmo pode gerar três estados emocionais:

1. Vergonha ou timidez (respeito a suas qualidades).
2. Modéstia, humildade, negação.
3. Soberba, orgulho ou narcisismo.

Exercício de autoconhecimento

Responda às seguintes perguntas, deixando as respostas fluírem com naturalidade e sem muito espaço à dúvida. Depois, leia suas respostas e medite nelas. O que revelam sobre você?

Quem sou? (Autopercepção)

1. Quais são minhas qualidades?
2. Quais são meus defeitos?

3. Quais são minhas maiores limitações?
4. Quais são minhas necessidades atuais?
5. Quais são meus temores essenciais?
6. Quais são minhas paixões?

De onde venho?
1. Quais são as principais memórias de minha história pessoal?
2. Quais foram os sucessos mais relevantes de minha vida?
3. Como foi meu nascimento? Você considera que seus pais queriam sua gravidez?
4. Qual é sua primeira recordação de infância?
5. Narre sua história de vida passando pelas etapas de criança, adolescente, adulto e como seria sua vida de ancião.
6. Descreva como os sistemas influenciaram sua vida:
   Social:
   Religioso:
   Político:
   Educativo:
   Cultural:
7. Descreva as relações e influências mais importantes em sua vida.
   Como foram? Em que contribuíram? O que você aprendeu com elas?

Para onde vou?
1. Descreva a linha de sua vida desde agora até o futuro. Como você a visualiza?
2. Qual seria o panorama ideal?
3. Quais são seus objetivos mais próximos?

4. Quais são seus objetivos mais distantes?
5. Como você se vê: acompanhado, só ou em grupo?
6. Com quais tipos de apoio você se visualiza?
7. Quais são as conquistas que você quer alcançar nos próximos anos?
8. Quão próximo ou distante você se vê delas atualmente?

Reflexão

1. Se continuar fazendo o mesmo de hoje em dia, como me vejo daqui dez anos?
2. Onde eu gostaria de estar daqui a dez anos?
3. Qual legado eu gostaria de deixar?
4. Quais condutas ou padrões eu gostaria de mudar?
5. Quais atitudes eu gostaria de desenvolver?
6. Quais circunstâncias eu gostaria de melhorar?

O autoconhecimento é uma peça-chave para melhorar a relação consigo mesmo e com os demais. Afinal, à medida que ganhamos confiança também nos permitimos confiar nos demais.

Conhecer a nós mesmos é a base para acessar a sabedoria. O autoconhecimento nos permite ter uma vida mais equilibrada, coerente, alegre, harmônica e produtiva.

Autoestima

"O estado de uma pessoa que não está em guerra nem consigo mesma nem com os demais é uma das características mais significativas de uma autoestima saudável."[40]

Nathaniel Branden

---

[40] BRANDEN, N. *Cómo mejorar su autoestima*. Tradução livre do autor. Barcelona: Paidos, 2010, p. 20.

Como posso desenvolver minha autoestima?

A autoestima é a base para que o ser humano evolua, a base para que desenvolva suas capacidades, sua aprendizagem, sua criatividade, sua autenticidade, suas conquistas, as relações humanas e expresse todo seu potencial.

Autoestima é o conjunto de percepções, pensamentos, avaliações, sentimentos e as tendências que temos em nossa forma de ser e que influenciam diretamente nossa forma de nos mostrar ao mundo devido ao apreço e à valorização que damos a nossa vida e ao sentido de merecimento que temos.

A autoestima se adquire através de todas as mensagens que recebemos da família, das relações pessoais, do trabalho e da sociedade que influenciam em como vemos a nós mesmos. Pode mudar e variar através do tempo e pode ser cultivada e transformada a qualquer momento da vida.

Temos uma boa autoestima quando confiamos em nossas próprias capacidades para encontrar soluções e resolver os problemas que a vida nos apresenta, sem nos atemorizar pelos fracassos ou pelas dificuldades, aprendendo com o passado e projetando com esperança o futuro, pedindo ajuda quando a necessitarmos e oferecendo apoio a outros quando solicitado, sendo conscientes de que todos somos iguais e merecemos um tratamento digno mais além da posição social, cultural, profissional ou econômica que tenhamos, sendo íntegros e empáticos com o que nos rodeia e aprendendo a desfrutar da vida em sua plenitude.

Para muitas pessoas a autoestima é um pêndulo difícil de balancear, flutuando da arrogância e dos sentimentos de superioridade quando temos talentos que nos distinguem ou conquistas dignas de admiração para o autodesprezo ou sentimentos de inferioridade quando as coisas não saem como esperávamos.

Quando temos baixa autoestima podemos nos sentir inseguros e insatisfeitos com nossos resultados, sensíveis às críticas e muitas vezes rejeitados; nos custa ser assertivos em nossa comunicação por medo de expressar nossas reais necessidades e nossa vida pode girar tentando agradar aos demais, coisa que nos afasta de nós mesmos e nos submerge a um profundo estado de frustração.

Autoestima é a capacidade de nos aceitar tal como somos com nossas virtudes e nossos defeitos, apreciando nossos talentos e nossas qualidades, confiando em nosso potencial independentemente dos fatores externos e de sua aprovação.

Desenvolve-se positivamente quando aprendemos a reconhecer e aceitar as necessidades físicas, emocionais, psicológicas e espirituais que temos, as habilidades naturais e espontâneas ou os talentos potenciais que queremos cultivar, quando avaliamos objetivamente nossas debilidades e carências para dar-lhes um lugar adequado e abraçar com dignidade nossa alma humana em contínuo crescimento.

Fortalecemos nossa autoestima colocando ênfase na valorização e no apreço do que nos faz sentir orgulhosos, expressando e administrando de maneira harmoniosa o que nos satisfaz e aquilo de que não gostamos, deixando de lado a rigidez e sendo flexíveis para mudar de rumo quando for necessário. Nossa autoestima muda e flutua, pode estar influenciada pelo entorno, pelas relações e pelas conquistas ao longo da vida, por isso recomendo que você se rodeie de pessoas que o inspirem a ser melhor e o apoiem em seu crescimento individual, ajudando-o a respeitar a si mesmo e aos outros em suas necessidades e desejos.

Quando nos vemos de modo positivo é mais fácil tomar decisões e nos permitimos assumir riscos, enfrentamos qualquer tarefa com uma alta expectativa de êxito.

A superação constante de limitações, medos e condicionamentos, assim como o fortalecimento de seus talentos, vão construindo uma autoestima saudável e equilibrada, somando e celebrando cada pequena conquista.

Exercícios de autoestima

1. O que você valoriza em si mesmo?
2. O que você gosta de fazer?
3. Qual talento você gostaria de cultivar ou desenvolver?
4. Se seu (sua) melhor amigo(a) falasse de suas qualidades, o que diria de você?
5. Pegue uma folha de papel e divida-a em duas colunas. Em uma delas, descreva-se em seu estado ideal. Na outra, descreva-se em seu pior estado. Observe ambos os resultados e busque um ponto de equilíbrio, como se as duas colunas travassem um diálogo. Como você pode integrar essas duas partes de si e abraçá-las harmoniosamente?
6. O que o afasta da possibilidade de ser você mesmo?
7. O que mudaria na sua vida se você se permitisse celebrar com mais frequência seus êxitos, suas conquistas e suas realizações?

Autoconsciência

"Não expulse os pensamentos. Dê-lhes espaço, observe-os e deixe-os ir."[41]

Jon Kabat-Zinn

Como se manifesta a autoconsciência?

A autoconsciência é a habilidade de permanecer desperto, atento aos movimentos interiores e a suas causas; é o processo de profunda reflexão que permite dar-se conta de quem você é,

---

[41] KABAT-ZINN, J. *El poder de la atención:* 100 lecciones sobre mindfullness. Tradução livre do autor. Barcelona: Kairos, 2010, p. 91.

quais são suas necessidades mais profundas e para onde você quer ir.

Quando você desperta o auto-observador interior é mais fácil identificar suas emoções e compreender como afetam seu comportamento e estado de ânimo. É uma forma de processar e sintonizar abundante informação que tem em seu interior e reconhecer as sensações, os sentimentos, as avaliações, as intenções e as ações que vão criando sua realidade, compreender como respondemos às influências externas e como estas influenciam e detonam emoções, impressões, recordações, respostas e reações. Pode facilitar enormemente a autorresponsabilidade, o autoconhecimento e a autoestima.

Ao carecer de autoconsciência, ignoramos as próprias debilidades e, portanto, é mais difícil se sentir seguro para realizar uma correta avaliação das próprias capacidades e cedo ou tarde nos veremos presos a uma roda de reações sem fim. Sem autoconsciência não haverá autocontrole nem entendimento dos próprios processos interiores.

A autoconsciência é algo que se desenvolve com o tempo e com a prática. As pessoas que têm autoconsciência também podem ser capazes de energizar os demais e inspirá-los com seu compromisso e sua confiança nos outros.

Sob esse estado de atenção podemos aprender, estudar e compartilhar nossa experiência. É também o passo que antecede qualquer mudança, uma vez que é por meio da consciência que podemos estabelecer nossos princípios e valores, e permite que nos autorregulemos e autocontrolemos ao eleger as palavras, o momento e a atitude adequados para nos relacionar e ser assertivos ou empáticos em um entorno social para compreender os outros e criar vínculos de confiança e amizade, mudando condutas inadequadas, nos expressando saudavelmente e cultivando relações harmoniosas em uma esfera íntima ou profissional.

Os valores se constroem ao longo da vida e vão sendo modelados pelas influências que recebemos, por nossos acertos ou erros, pelo que se torna importante para nós em determinados momentos e pelo que estamos intrinsecamente dispostos a defender.

As metas e as conquistas que desejamos alcançar nas diferentes áreas de nossa vida são importantes porque nos dão um norte para torná-las realidade com nosso trabalho e esforço. Aprender e experimentar, descobrir novos objetivos além das expectativas que surgem sobre nós é vital para alcançar a realização e sentimento de plenitude. Quanto mais específicos, claros e realistas formos e pudermos estabelecer um prazo para alcançá-los, mais fácil será caminhar nessa direção. A que devemos prestar atenção se queremos desenvolver a autoconsciência?

O primeiro passo é reconhecer que há três tipos de manifestações:

1. Manifestações físicas: tensão, relaxamento, calor, frio, rigidez, flexibilidade, expansão, contração etc.
2. Manifestações emocionais: alegria, tristeza, angústia, entusiasmo, medo, raiva, ciúme, inveja, vergonha, excitação, amor, compaixão, assombro etc.
3. Manifestações mentais: pensamentos, percepções, imagens, recordações, racionamento, atenção, dispersão, esquecimento, distrações, capacidade para resolver problemas, tomar decisões, desenvolver-se intelectualmente e aprender a integrar experiências.

Adquirir uma perspectiva sobre os próprios atos e pensamentos de maneira consciente é o primeiro passo para regular ou mudar condutas inadequadas, expressar emoções e mudar o comportamento, alterando o estado de ânimo. Reconhecer nossas emoções e impulsos requer uma grande honestidade, paciência, valentia e humildade para advertir do que antes você não era consciente.

Cada passo é valioso e conduzirá você a um maior nível de profundidade e clareza a respeito de si mesmo até que possa se distinguir do habitual, desapegar-se do que antes lhe fazia sentir preso ou estancado e fluir com maior flexibilidade perante a vida.

Os budistas consideram a vida como um conjunto de sensações agradáveis e desagradáveis e ensinam que "a raiz de todo sofrimento é o apego aos estados prazerosos e a aversão a tudo aquilo que nos produz incômodo". Por isso buscamos ter uma atitude receptiva diante da vida de maneira que com o mau e com o bom possamos nos liberar das tensões e permanecer em um estado de calma que traga paz e tranquilidade.

Exercício de autoconsciência

I. Diário de aprendizagem:

Pegue um caderno onde você possa descrever as situações mais importantes do dia e que despertaram alguma reação física, emoção ou pensamento. Com base nesse registro, revise os pontos propostos por Travis Bradberry e Jean Greaves em seu livro *Inteligência emocional 2.0* (Editora HSM, 2014), que ajudarão a maximizar seu nível de autoconsciência:

1. Observe a sua presa como um falcão.
2. Escreva suas emoções.
3. Deixe de considerar os sentimentos que surjam como bons ou maus.
4. Observe os efeitos físicos e mentais de suas emoções e descreva-os.
5. Não se deixe levar por um momento de desânimo, nem pela euforia.

6. Por que você faz as coisas que você faz?
7. Quais são seus valores?
8. Peça *feedback*.
9. Como você reage diante de situações de estresse?
10. O que ou quem lhe tira de seu eixo?

II. Relações:

Faça uma lista das pessoas com as quais se relaciona habitualmente em sua casa, em seu trabalho, em seus estudos ou projetos. Como se sente quando está com eles ou quais emoções geralmente despertam em você?

III. Desafios:

Descreva uma situação que lhe pareça desafiante em seu momento presente.

Seja pontual com a situação até que fique clara.

Observe sua descrição e exponha quatro soluções e quatro habilidades que você pode aprender ou desenvolver com esse desafio.

Responda objetivamente:

- Essa situação é de fato terrível?
- Conheço alguém que já tenha passado por isso?
- O que posso aprender com esse desafio?
- O que essa situação que atraí na minha vida está querendo me dizer?

IV. Pratique Shanti Kai, a meditação básica de Cóndor Blanco.

Foque-se em quatro coisas pelas quais você tem apreço, gratidão, abençoa e pede perdão.

Capítulo VII
Meu encontro com a ousadia ◄

> *Porque o amor, como a vida, sempre está aqui, agora, e não outra vez.*[42]

[42] SOLAR, Suryavan. *La pluma y la espada*: poemas de un chamán. Santiago: Cóndor Blanco, 2006.

Escrevi este livro da minha cabana no sul do mundo.

Cada vez que dava uma pausa, via A Montanha, que se mostra imponente diante da minha janela. Ela tem sido minha inspiração desde as minhas primeiras lembranças. Lembro-me da sensação quando era criança, de querer escapar das entediantes salas de aula, e a única coisa que conseguia aliviar meu tédio era desenhar uma e outra vez esta montanha que agora posso saudar todas as manhãs e em cada entardecer.

Como cheguei aqui?

O que simboliza esta montanha em meu propósito de vida?

Meu encontro com a natureza foi o primeiro passo.

Minha avó era uma mulher das suas bênçãos. Ela curava com as mãos e desde criança eu gostava de acompanhá-la, e foi assim que começou a me ensinar sobre as plantas, os elementos, os espíritos que habitavam os lugares e as pessoas. Ela sabia exatamente quem adoecia, seja por trabalhar muito ou por ser muito fraco, por ser orgulhoso, por ser medroso, por estar preocupado, e para todos ela tinha uma palavra de encorajamento e mãos que aliviavam todas as dores.

Uma manhã ela me acordou antes que o sol nascesse e, olhando-me fixamente, me fez um sinal de silêncio. Saímos escondidos da casa e caminhamos ainda que fosse verão em meio a uma intensa neblina em direção ao rio. Antes de chegar ela se agachou na minha frente e me disse: "Vou apresentar a você alguém; é um homem especial: aprenda a escutar e não faça muitas perguntas; você tem de prestar atenção porque esse homem será seu mestre". Ele foi meu primeiro mestre, o indígena Manque Liuk.

Meu pai era um homem firme, prático e pouco cerimonioso para suas coisas, mais de ação que de palavra, mas, quando ele dizia algo, eu sabia que seria algo que me acompanharia até o fim de meus dias, por isso aprendi a prestar atenção quando ele falava. Porém, minha avó tinha me advertido para não contar nada desse encontro com o Índio e, por medo de sua retaliação, eu jamais disse uma palavra. Eu me lembro de uma tarde ensolarada de árduo trabalho no campo quando me entregou um machado, me ensinou a afiá-lo e me disse "do nada você deve fazer tudo".

Sempre que ele cortava uma árvore me ensinava a semear. E essa foi a semente dourada, a força do caminho do guerreiro que me permitiu construir o que hoje em dia me acompanha e apoia centenas de pessoas.

Porém, a vida de hoje já não é igual aos tempos de meu pai. No final de 2017 estive no evento "Colabora América", no Rio de Janeiro, e o que eu vinha sentindo foi confirmado: o mundo mudou e o fez radicalmente. As coisas não podem ser como antes.

Cresci no Chile nos anos 1950 e 1960 e lá vivi até os anos 1980. Meu pai era um homem trabalhador. A única coisa que ele herdou de meu avô que morreu quando ele tinha 15 anos foi um machado que conservou por toda a vida. Com esse machado ele se tornou lenhador e pouco a pouco foi contra toda a previsão, prosperando com grande esforço. Ele conseguiu prosperar, diferentemente de seus irmãos, comprou terras, casas e teve vários negócios. Foi um empreendedor em tempos difíceis, no sul do Chile, mas em certo ponto o enganaram e ele perdeu muitas terras. A longo prazo acabou fechando o negócio, vendendo o pouco que lhe restava e me disse: "a única coisa que darei a você é uma boa educação. Você é um menino inteligente, e eu lhe abrirei as portas com o que me resta, mas você terá de fazer todo o resto sozinho". Foi assim que me lançou no mundo, me matriculou em uma escola longe de casa, em outra cidade. Depois desse verão, aos 6 anos ele foi me deixar na porta de meu novo colégio, a aliança francesa. Eu tinha um espírito rebelde e sonhador, gostava de ler, aprender história, sabia o que acontecia "lá fora", sempre fui muito curioso e gostava de desafios que me convidassem a testar meus limites. Essa educação me deixou como princípios a *liberté-egalité-fraternité*, que considerei uma joia valiosa que me apoiou por muitos anos. Também entendi rapidamente que só através da autorresponsabilidade eu poderia seguir adiante, então me afirmei na disciplina que nos inculcava, no foco humanista que se aprofundava na interdependência que existe entre ser humano, natureza e universo, o estímulo pelo conhecimento e o estudo constante que nos permite ampliar o horizonte, a busca pelo aperfeiçoamento do que nos interessava. "Aprender a fazer", "aprender a viver junto", "aprender a conhecer", "aprender a ser" eram os valores essenciais daquele tempo.

Com essa inspiração cheguei à universidade no início dos anos 1970. Em meio a esse ambiente efervescente, a revolução era iminente e, sem me dar conta, me tornei líder na minha faculdade. Estava convencido de que quanto mais unidos estivéssemos, mais fácil seria conseguir as mudanças que tanto ansiávamos. Assim coloquei tudo o que tinha à mão, meu tempo, minha paixão e minha melhor disposição a serviço desse desafio que se apresentava a todos de minha geração.

Na universidade comemorávamos nossos pequenos triunfos, todos acreditávamos que seríamos felizes, éramos um grupo de amigos entusiastas, cúmplices de ideologias. Cresci com a ideia de que os líderes e as revoluções salvariam o mundo, mas não nos demos conta do quão ingênuos éramos. Nesse momento não suspeitávamos o que iria acontecer...

Pelo sonho de toda uma geração de jovens idealistas tivemos de pagar um preço muito alto. Muitos de meus amigos mais queridos desapareceram; vi morrerem em meio aos protestos conhecidos e desconhecidos que lutavam como eu por suas convicções e os poucos que sobrevivemos fomos ficando sozinhos e isolados. O sonho de um mundo livre e equitativo ia sendo destruído impiedosamente diante dos meus olhos e não podia fazer nada para evitar. Eu me questionei muitas vezes por que não tinha sido eu a morrer e me custou muito tempo aceitar que meu destino era a vida por mais tempo.

Foi em meio a essa revolução política, que um dia recebi uma mensagem: meu pai tinha adoecido gravemente. Não me restava nada mais a perder, meus amigos já não estavam presentes, minha universidade se desmoronou, todo o castelo que eu tinha construído era de areia e meu grande futuro com esse anseio de liberdade trabalhado por anos se dissolveu de um dia para o outro. No início não podíamos acreditar no que estava acontecendo; com os meses, as ondas de violência nos golpeavam com fúria e entre o desnorteamento e a força decidi resistir na luta, enquanto o futuro foi sendo desenhado de maneira cada vez mais incerta. Decidi contrariar todas as advertências e nesse mesmo dia, meses depois do golpe de estado, fui visitar minha universidade. No pátio da faculdade de Filosofia só restavam as cinzas dos livros queimados, as salas estavam vazias, eu podia escutar ainda o eco das risadas e das canções de esperança, mas, de repente, essas vozes se foram convertendo nos gritos comoventes de meus companheiros, então compreendi: aquilo tudo era irreversível, tínhamos perdido uma batalha e isso abriu caminho a um triste e profundo silêncio. Os ideais desse grupo de jovens com os quais compartilhava minha ilusão de um mundo melhor foram por água abaixo. Quando saí dali o horizonte se tornou preto e a única coisa que vi ao fundo desse túnel foram os olhos de meu pai me olhando fixamente, então eu soube que não lhe restava muito tempo, e isso era tudo o que eu ainda tinha.

Essa foi a primeira vez que deparei com a doença e com a morte de maneira tão abrupta. Recordei então meu mestre, o índio que tinha me ensinado o poder da terra. Ele dizia "quando adoecer, fique atento ao que cresce ao redor de sua casa, pois essas plantas que se aproximam de seu espaço são os remédios naturais de que você precisa". Assim, depois de uma noite de longa travessia a pé pelas montanhas regressei ao campo de minha família do qual eu tanto quis sair. Só levava em minha pequena mochila um velho livro que, por coincidência, tinha chegado a minhas mãos antes de voltar ao sul e que se chamava *Medicina natural ao alcance de todos*, de Manuel Lezaeta.[43] Compreendi a importância de cuidar do corpo com o natural, porque meu pai, que se criou nas montanhas, não aceitava ir a hospitais, e os remédios lhe pareciam algo para gente fraca, e preferia morrer sem a intervenção de ninguém. Por isso me vi obrigado a aprender medicina natural e convencê-lo de que aceitasse realizar o tratamento. Aquele manual se converteu em minha única esperança de curá-lo, não só segui as instruções ao pé da letra, mas durante os seis meses que me dediquei a cuidar dele aprendi novas técnicas que melhoravam o resultado sugerido e comecei a fazer minhas próprias anotações. Vi como a alimentação distinta, as aplicações de argila e o uso adequado das ervas, compressas, banhos de água fria se tornaram uma fonte de cura trazendo meu pai de volta. Ele tinha recuperado sua energia, seu ânimo e sua vontade de viver, e não só isso, mas também tinha deixado de reclamar; apesar do escuro panorama que rodeava o país, ele se via mais otimista que nunca. Eu me encontrei com um mundo desconhecido até o momento e, nesse instante, focado só em buscar a cura para

---

[43] LEZAETA, M. *La medicina natural al alcance de todos*. Tradução livre do autor. Buenos Aires: Kier, 1974.

meu pai, não sabia que aquela prova seria a porta, o impulso para me abrir à vida e me atrever a avançar em meu sonho. No campo estávamos distantes de tudo, assim essa distância e o contato com a natureza também foram me curando e alinhando com o que se converteria mais adiante em meu destino. Depois de cuidar de meu pai durante meses e ajudá-lo em cada etapa de sua recuperação, eu já não era o mesmo. Algo dentro de mim tinha morrido, e no profundo de meu ser eu sentia que algo começava a nascer.

Durante esse período descobri que o mel tinha um segredo e como ninguém naquela época coletava mel, me iniciei de modo autodidata no conhecimento das abelhas e no estudo da apicultura e tais práticas me devolveram a confiança para sair ao mundo e me abriram o horizonte. Primeiro abandonei a universidade e depois saí de casa. Ainda que eu soubesse que não poderia voltar à cidade, precisava estar em um lugar mais quente e distante; nesse tempo me reencontrei com uma amiga de infância e com outra amiga da época da universidade. Decidimos partir para o Valle do Elqui, um lugar cheio de mistérios ao norte do Chile e aos pés da cordilheira. Embora ninguém nos conhecesse naquele lugar, espalhou-se a notícia de que sabia curar e as pessoas começaram a chegar a minha casa. Primeiro iam timidamente e depois chegavam a qualquer hora. Foi dessa maneira que a medicina natural mudou o sentido da minha vida e todos os meus sonhos foram ficando de lado, ordenando minhas prioridades a serviço das pessoas e quando mais focado eu estava nos demais, eu soube que seria pai. Essa notícia me fez avaliar toda a minha vida novamente.

Minha filha nasceu e cresceu em meio a uma comunidade de artistas, hippies, buscadores espirituais e camponeses, os quais conviviam harmoniosamente naquele oásis idílico. O Valle do Elqui no Chile era o cenário perfeito para observar o céu noturno e as estrelas. Como era um lugar especial, pouco a pouco começaram a chegar pessoas cada vez mais extravagantes, seguidores de diversos gurus com nomes impronunciáveis, outros que se declaravam abertamente discípulos de mestres iluminados como St Germain e a chama violeta, seguidores de ensinamentos de Blavatsky e Gurdjieff, outros poucos estavam se iniciando nos ensinamentos de Oscar Ichazo e seu grupo Arica e às vezes chegava algum com os livros de Castaneda e seu mestre Don Juan. Trocávamos manuais de alquimia e magia, tarô, astrologia, numerologia e cabala, estranhos textos fotocopiados com ensinamentos orientais, e com a soma dessa inesperada comunidade que, como eu, buscava paz e amor em meio à história que compartilhávamos, começamos a nos interessar cada vez mais por coisas transcendentais: óvnis e extraterrestres que de vez em quando através de algum canalizador do grupo nos enviavam mensagens para estar atentos às próximas visões. Durante alguns anos nos dedicamos a seguir através das montanhas qualquer marca que revelasse algum contato extraterrestre com a esperança de que se não houvesse nada na terra que nos salvasse, algo tinha de existir no além. Ainda que fosse divertido e por alguns anos me pareceu a coisa mais apaixonante do mundo, logo me dei conta de que isso tampouco solucionaria o que estávamos buscando e que as mensagens de amor e união que nos enviavam para salvar a humanidade estavam muito longe do que na realidade acontecia; algo mais era necessário para poder dar esperança a este mundo.

Determinada noite no Vale do Elqui, observando o céu em busca de óvnis, eu soube que aquela seria a última vez que o faria. Eu me dei conta de que já não podia viver do ar e das revoluções. Naquela noite não vimos óvnis, mas as estrelas me entregaram uma mensagem muito clara: "O segredo é olhar adiante porque no futuro estão todas as respostas". Aquilo me mostrou o caminho, era hora de olhar para a Terra, focar-me no futuro e semear. Agora tínhamos uma filha e não podíamos viver de mensagens nem de óvnis.

Naquela mesma semana recebi um convite para ir ajudar alguém muito importante que estava doente e que necessitava de um tratamento mais longo, mas havia três condições: deveríamos nos mudar por seis meses para outra cidade, não poderíamos dizer a ninguém que aquela pessoa se tratava com medicina natural e queria uma atenção exclusiva durante o tempo que durasse o tratamento. Falei com minha mulher e ela, cansada das constantes interrupções a qualquer hora e em um lugar aonde íamos buscar tranquilidade e das constantes viradas de noite esperando ver algum irmãozinho do espaço, me animou a aceitar o desafio. Pegamos o pouco que tínhamos e deixamos para trás o Vale, os amigos, as pequenas alegrias conquistadas em comunidade e nos instalamos em Los Angeles para viver em família em uma pequena cidade muito próspera da região do Bio Bio no Chile.

Meu interesse pela cultura oriental era evidente; eu devorava todos os manuais e livros que chegavam a minhas mãos, tinha entrevistado todos os que vinham de outros países e que tiveram distintas experiências com a espiritualidade e com as antigas tradições. Com os sutras de Patanjali em mãos e umas velhas fotos em preto e branco de posturas de ioga, em meu tempo livre decidi iniciar uma escola de ioga, chamada Omkin Kai, escola de ioga universal.

Em 8 de maio de 1980 surgiu minha primeira escola oficial. As pessoas queriam um estilo de vida para encontrar paz interior, saúde e bem-estar e eu estava disposto a oferecê-lo através de técnicas de respiração, ioga, vegetarianismo, jejuns e conexão com a natureza.

A presença de minha filha, suas perguntas, suas ocorrências, suas respostas me ajudavam a estruturar minhas aulas e me traziam ao presente de uma forma mais consciente, mais humana, e de alguma forma permitiam que eu me abrisse de novo ao futuro, aos sonhos, algo para transmitir às novas gerações, aprender a empoderar seu lado feminino, dar-lhe a força para que pudesse sobreviver no mundo, mas também estimular sua visão, sua criatividade e sua intuição. Agora estou mais convencido de que a única forma de nos alinhar ao futuro é através da autenticidade e da capacidade de criar.

Havia muitíssimas pessoas interessadas na espiritualidade e fui compartilhando minhas investigações e descobertas com todos os que chegavam. Quando os exercícios de ioga não foram suficientes, nem os sutras, nem o estudo dos chacras, o naturismo deu lugar à meditação, ao zen, às artes marciais, ao taoismo, ao advaita, ao vedanta, ao hinduísmo com todas as suas divindades, ao trabalho energético, ao poder psicotrônico, ao pensamento positivo, à visualização, aos mantras, ao budismo, ao xamanismo, à visão de mundo andina, e os temas foram se ampliando cada vez mais.

A sociedade industrial se dedicou a criar empregados, mas hoje tudo está em crise e os jovens *millenials* estão questionando os sistemas atuais, estão quebrando os velhos esquemas que já não servem, que estão obsoletos, e estas novas gerações abrem nossos olhos para isso.

O que começou como uma escola de ioga, palavra que quase ninguém tinha escutado, era na realidade uma *startup*. Sem saber eu estava criando uma incubadora de talentos espirituais, místicos e terapêuticos e empreendedores do futuro. Em uma época em que o toque de recolher era a regra, os jovens que chegavam a minha escola estavam obrigados a manter-se na sala de aula (a sala de estar da casa que tínhamos) treinando uma fusão de técnicas para não arriscar serem detidos por sair na rua para voltar a suas casas; assim eu estava conseguindo que as iminentes ameaças se transformassem em uma boa oportunidade para nos aprofundarmos cada vez mais nas práticas.

Quando já não havia forma de colocar mais pessoas na casa e em vista do interesse que todos tinham de participar de uma atividade menos clandestina, decidimos ir durante um fim de semana à montanha e organizar um acampamento onde pudéssemos estar mais tranquilos para praticar e ficar em meio à natureza. Convocamos todos os estudantes, uns 35, e estes por sua vez chamaram seus amigos. Quando chegamos no dia combinado ao lugar, para minha surpresa não havia 35 pessoas, mas quase duzentas pessoas estavam reunidas esperando receber instruções. Nesse dia iniciei os primeiros instrutores para que me ajudassem a trabalhar com o grupo, aqueles que tinham mais tempo de prática. Assim foi como de maneira inesperada começou uma nova época em minha vida, os acampamentos.

Passaram muitas gerações de aprendizes, praticantes e discípulos por esses acampamentos que eram um campo de experimentação de diversas correntes ancestrais, intelectuais, terapêuticas, filosóficas, artísticas, culturais e espirituais. Muitos chegavam buscando uma experiência diferente, eram turistas *new age*; outros tinham um maior compromisso e isso permitiu que eles pudessem treinar e se especializar nas diversas áreas que foram se criando. Depois começaram a chegar pessoas de outros países: México, Brasil, Colômbia, Venezuela, Argentina... Ocorria um encontro por ano e eram ministradas aulas em uma sede que tínhamos em Santiago, onde se ofereciam aulas semanais, se transformaram em giras (turnês por vários países), em concertos de música, apresentações artísticas, exposições de pintura e fotografia, conferências, cursos, círculos de meditação, encontros afora, sendo o desejo de criar um indivíduo livre, íntegro e consciente o motor que impulsionava a todos.

Em meio a essa efervescência o método foi se revelando cada vez com maior clareza. Não queria criar ovelhas, eu queria leões com força para transformar o mundo e para isso era necessário que as pessoas conquistassem quatro grandes qualidades: a estabilidade da terra, a fluidez da água, a clareza do ar e a paixão do fogo.

Minha filosofia era simples e natural, e se baseava nos quatro elementos: conectar-se com a sabedoria ancestral da terra, da água, do ar e do fogo, mas também ser inovador, utilizar a vanguarda e a tecnologia a nosso favor.

Por muito tempo o ancestral e o moderno, o material e o espiritual, o feminino e o masculino, o branco e o preto estiveram polarizados. Mas a nova era estava vindo, se perceptível, a globalização e a natureza necessitavam reconciliar-se não só fora, mas dentro de nós, por isso voltar à origem se tornou essencial neste caminho, aprender a viver em comunidade e trabalhar em equipe, ter uma mente aberta e estar disposto a aprender, manter-nos suficientemente humildes para que o repentino êxito não nos deslumbrasse e suficientemente seguros de que é através da integração que se encontra o caminho do meio, a paz, a harmonia e a realização.

A terra é a base da prosperidade, do corpo, do mundo material, dos bens e das posses; a capacidade para trabalhar; representa o esforço que uma semente faz para romper a casca e atravessar os obstáculos até emergir à superfície e crescer estendendo suas ramas em busca do sol; são as raízes, a ancestralidade, a herança que recebemos física, emocional, intelectual e espiritualmente.

A água é o rio da felicidade, são as relações que nutrem nossa vida como seres interdependentes; nascemos sozinhos, mas esta vida surge do encontro de um homem com uma mulher, que vem, por sua vez, de uma família que mantém a vida; ao longo de nossa vida somos cuidados por outros, nutridos, amados, e esses vínculos nos permitem entregar o que temos para oferecer e receber o que os outros estão dispostos a dar.

Representa as emoções e os sentimentos, o amor, o carinho, nos ajuda a desapegar, a soltar e a fluir a alegria com quem compartilhamos, com os familiares, amigos, sócios, companheiro e filhos, com a sociedade.

O ar é o fluxo criativo, cultural, que amplia nossa mente, que nos permite recordar, racionalizar, imaginar, criar, planificar, aprender, ensinar; é a forma como você expressa o que você é, o que você quer, são seus sonhos e esperanças, suas expectativas de ir mais além das limitações e dos condicionamentos; é o movimento e a mudança, as decisões, as opções, os estudos, a arte, as viagens que nos concedem refinamento e o desejo de aperfeiçoamento.

O fogo é o impulso espiritual que nos eleva e nos permite a transcendência, é a consciência que se liga para transformar a si mesma e o mundo que a rodeia, para servir os outros, para beneficiar o mundo, para deixar um legado valioso, a vontade pura de criar um impacto no mundo, de deixar um legado que marque a vida das pessoas, que beneficie a natureza e o universo. O fogo é o motor que nos guia a uma vida valiosa, a uma vida sagrada, a uma vida significativa.

E sobre esse desenho foi criada a base dos cursos e seminários, que mais adiante se converteriam em escolas. Cada um que chegava contribuía oferecendo o melhor de si, seus talentos, seus conhecimentos e interesses e seu tempo e serviço para criar esse movimento coletivo de um grupo de buscadores da verdade e da consciência, o que permitia que nos aprofundássemos nas diferentes correntes de conhecimentos que iam nutrindo o que esse indivíduo humilde e simples semeou em mim desde que era criança.

Em 1988 foi convocado um referendo e para a surpresa de muitos, depois de dezessete anos de ditadura militar, o governo regente foi derrotado e começou a transição à democracia. Olhei com certa distância o que sucedia no país, depois de muito tempo oprimido havia novos ares de liberdade.

A essa altura e depois de tudo o que eu tinha vivido, compreendia bem que mais além de qualquer ideologia política que estivesse no governo estávamos longe de ser pessoas livres, livres do medo, livres do ódio, livres da dor; cada dia me convencia de que só através da consciência algo poderia mudar verdadeiramente, não só para um país mas para toda a humanidade. Foi nesse tempo que recebemos a notícia de que seria construída a primeira represa de grande magnitude no rio no qual tínhamos realizado acampamentos por mais de dez anos. A ecologia se tornou minha causa, outra vez estava adiantado à época, quando o êxito e o dinheiro fluíam e todos se viam otimistas com a riqueza e o capital que estava sendo investido no país, mas estávamos vendo o outro lado da moeda, o que ninguém queria olhar, o rio Bio Bio começaria a secar lentamente. Isso me despertou para entender que eu teria de assumir de uma vez por todas uma responsabilidade maior; que o tempo de pobreza tinha ficado para trás; minha adolescência cheia de contrastes entre o campo e minha família e um colégio caro, onde só podíamos falar em francês. A juventude revolucionária e a clandestinidade, o médico naturista que curava centenas de pessoas e o homem solitário que perseguia óvnis. Agora era responsável por um grupo de gente jovem, cheio de esperança e sonhos, e precisávamos de um lugar para poder estar tranquilos dedicando-nos à consciência, sem ter de perder tudo.

Durante cinco anos buscamos por todas as partes o lugar que eu tinha em minha cabeça desde criança, uma montanha onde poderia construir uma universidade do futuro, que tivesse bosques milenares, com rios, que tivesse neve todo ano, que tivesse condores e pumas selvagens. Um lugar mágico onde pudesse preservar o que a sociedade estava devorando com tanta avidez, onde todos pudessem encontrar um refúgio para a alma, saciar a sede da consciência. Por mais que eu buscasse, nada aparecia; havia lugares muito lindos, mas não tinham rio, outros não tinham bosque, outros tinham montanhas, mas não havia neve. Foi então que comecei a pensar que jamais encontraria o lugar das minhas visões. Até que um dia um velhinho me procurou no meio de um evento. Já tínhamos nos instalado temporariamente em um lugar bem inacessível, no início dos anos 1990, próximo das termas de Pucón. Bom, não era tão próximo, ficava a mais de quatro horas em uma pequena localidade chamada Kurarrehue que naquele tempo o único acesso era por um caminho de terra. O senhor me perguntou:

– Você é o ecologista?

– Sim, sou eu.

– Eu tenho o terreno que você busca – disse, com total convicção.

Eu o olhei desconfiado e perguntei:

– Tem rio?

– Sim, tem rio – respondeu, olhando-me fixamente.

– Tem bosque?

– Sim, tem um bosque de raulíes, quilas, coigues e mañío.[44]

– Mmm, mas e lá tem uma montanha?

– Uma montanha secreta, não se vê de nenhum lugar e lhe asseguro que é a mais linda que você verá em toda a sua vida.

– E essa montanha tem neve todo ano?

– Sim...

Não podia ser possível, pensava, esse lugar não existe.

Com certo ceticismo, concluí:

– Vamos ver. Mas tem cachoeiras?

– Sim, senhor. Durante o inverno aparecem mais de quarenta cachoeiras e vão diminuindo à medida que se aproxima o

---

[44] Plantas nativas do Chile.

verão, mas tem um rio que se alimenta dos mananciais que saem por entre as pedras.

Depois continuou, fazendo uma pausa:

– Estou doente e acho que não me resta mais de um ano.

Pensei que ele estava exagerando, pois parecia estar bem; ele tinha boa cor, caminhava perfeitamente, parecia ter uns 60 anos e pela forma como falava ele tinha lucidez e energia.

E continuou:

– Por isso você não pode pensar muito para comprá-la.

– Vamos vê-la primeiro – respondi.

– Eu tenho a montanha que você quer e lhe asseguro que não conseguirá outra como essa, ainda que procure no fim do mundo. – Mas eu já estava no fim do mundo e não tinha me dado conta. – Se eu morrer você terá um problema, porque tive duas mulheres e vários filhos, então você tem só um ano para me pagar. Porque, se algo me acontecer antes, vai ser difícil você se entender com eles; meus filhos querem vender o terreno a uma madeireira que está cortando todas as árvores do bosque, e eu não quero isso, então vim procurá-lo, porque sei que você cuidará dessa terra, que é o único bem que eu tenho.

Finalmente, quando chegamos a um acordo econômico e fechamos o trato para conhecer o lugar, me senti inesperadamente contente e triunfante, eu tinha conseguido um bom desconto. Dessa vez meu ansiado sonho estava a ponto de realizar-se, eu tinha uma intuição de que algo bom aconteceria, pelo menos aquele homem tinha uma causa nobre; ainda que aquela não fosse minha montanha, talvez a comprasse só para ajudá-lo e depois esperaria que no futuro encontrasse a que eu queria. Assim combinamos que, se eu gostasse, me comprometia a pagar-lhe em menos de um ano a quantia que ele me pedira inicialmente à vista. Ele, como eu, não queria envolvimento com bancos, dessa forma combinamos que no outro dia eu iria conhecer seu terreno.

Não dormi a noite toda pois estava muito ansioso para saber se aquela seria a montanha de meus sonhos. Quando por fim consegui fechar os olhos, comecei a sentir uma suave garoa, e quando soou o despertador cedo pela manhã não só chovia, mas estava caindo um temporal que durou toda a semana. Com esse clima não se podia ver nada, então precisei esperar pacientemente.

Até que chegou o dia em que as nuvens cinzentas começaram a clarear e o Sol anunciava timidamente sua chegada.

Quando começamos a subir, não tinha caminho ou ao menos o caminho que nos disseram não era adequado para veículos de nenhuma espécie. Então caminhamos a pé por mais de meia hora até chegar a um vale. Havia um bosque muito bonito e se escutava ao longe o curso de um rio, mas as nuvens ainda estavam fazendo um círculo em torno de nós e não se via praticamente nada além do que tínhamos à frente. O camponês se sentou na metade de um monte e ficou em silêncio. Eu tinha esperado uma semana e não via nada do que ele tinha me prometido.

– Mas e então? Onde estão as montanhas que me disse?

O velhinho nem me olhou e, colocando uma palha de grama na boca, me indicou à frente.

– Ali – disse, apontando em direção ao sul – e ali – indicando depois ao norte.

Onde ele mostrava eu não via NADA, só nuvens, neblina e névoa.

– Tenha paciência, já vai estiar – disse, recostando-se um pouco mais e olhando o céu.

Paciência... Eu já tinha usado muita paciência, esperei uma semana, anos, uma vida inteira. Tinha caminhado bastante e se tivesse sido mais fácil sair dali, acredite, eu teria ido embora. Porém, me sentia um pouco cansado e depois de estar um bom tempo em pé, decidi me sentar. Havia sete pessoas comigo que não entendiam muito bem por que estávamos ali. Quando de repente minha filha emitiu um som de susto, ao me virar percebi que começou a clarear só a ponta da montanha e não era uma montanha distante, era enorme e estava toda nevada, e em pleno verão. De uma forma perfeita e entre redemoinhos de vento apareceram na ponta voando um, dois, três, quatro, cinco, seis, sete condores em círculo, e éramos justamente sete pessoas. Ninguém dizia nada e as nuvens começaram a se dissolver abrindo uma janela na qual a montanha resplandecia com deslumbrante beleza pura, tal qual sempre a desenhei desde que me recordo. Ali estava ela e não era o desenho feito por uma criança na janela de sua sala brincando distraído, nem o rabisco adolescente nas páginas de um caderno, era real. Ali estava diante dos meus olhos como uma revelação que deu sentido a tudo o que antes estava desmembrado em minha memória. Ali estava ela e eu parado a seus pés admirando tanta magnificência; não podia acreditar, nem sequer podia falar...

– E então – me questionou o velhinho –, você já a viu. Temos ou não temos um trato?

– Temos um trato – respondi, sem pestanejar um segundo.

Eu não me lembrava de um dia mais feliz em toda a minha vida. Parecia que estava despertando dentro de um sonho, passavam os dias e eu continuava vendo a montanha em minha cabeça e seus condores de asas brancas planando no céu. Continuava escutando o rio. Perdi até a fome, não podia tirá-la da cabeça com nada. A única coisa que eu queria era voltar a vê-la outra vez. Em alguns dias assinaríamos os papéis, e quando fiz as contas tinha algo que não dava certo. A verdade é que então me dei conta de que com o que eu tinha não conseguiria nem pagar a primeira parcela. Meus únicos bens até aquele momento eram minha mulher, minha filha, o gato, uma caminhonete velha, um grupo de jovens que me seguiam para todos os lados, mas a maioria não tinha uma moeda, pior ainda, era eu quem os mantinha... Então eu os chamei e lhes disse:

– Comprarei a montanha e faremos uma grande universidade mística, uma universidade do futuro.

Todos pareciam entusiasmados como eu, então continuei:

– Quem quiser me apoiar a comprá-la pode colaborar com o que tiver. E reunindo todos conseguimos juntar a soma exata de 1.258 dólares.

Então me veio uma conclusão forçosa: me dei conta de que eu tinha passado quase quinze anos trabalhando duro e que nunca me ocorreu cobrar nem um centavo pelo que fazia. Naquele ano eu tinha decidido com grande dúvida subir os preços para que não acabasse a comida antes do fim do evento e para que pudesse realizar uma e outra viagem sem muitas comodidades. Todos aqueles anos dedicados à prática espiritual e à meditação não tinham nenhum resultado material, coisa que, se não tivesse passado por aquela experiência, eu jamais teria me importado. Por mais que meditasse e que entoasse complicados mantras, isso não iria me dar o dinheiro de que precisava para comprar a montanha em menos de um ano, como eu tinha me comprometido.

Foi então que me convidaram para entrar em um negócio que distribuía produtos ecológicos. Com um sonho firme e a vontade para comprar a montanha, decidi dar uma reviravolta em minhas atividades, visto que eu não tinha outra alternativa para conseguir o dinheiro, então dei um salto a um mundo desconhecido e comecei a aprender sobre produtos, redes de distribuição, marketing, oratória, a criação de equipes, duplicar-se, escalar, empoderar-se, pensamento positivo, objetivos, metas, propósitos, e refazer um caminho que me levasse ao coração da sociedade para ensinar as pessoas a serem independentes financeiramente e gerar ferramentas internas que as ajudassem nos momentos difíceis na vida.

Muitos dos que me seguiam ficaram temerosos com a mudança radical pela qual eu passava; ver minha transformação de revolucionário a místico e de místico a empreendedor foi mais do que suas mentes pudessem entender, por isso se afastaram.

Outros que viram com bons olhos essa mudança se uniram inspirados buscando um maior equilíbrio em suas vidas, para que o espiritual e o material formassem parte da dança da vida. Comecei a ter êxito com o apoio de minha filha Sol, que teve a experiência de falar pela primeira vez em público para vinte mil pessoas aos 15 anos. Depois de muito esforço e em um curto tempo chegamos a ser "diamantes", um reconhecimento dentro dessa empresa. Além disso, foi um recorde mundial pela rapidez com que tínhamos alcançado o nível de vendas e o movimento de pessoas gerado em torno do nosso trabalho. O êxito estava em minhas mãos, eu tinha chegado ao topo e muitas portas começaram a se abrir naquele momento.

Todos temos um ponto de ruptura em algum instante na vida, e é nesse momento que se colocam à prova seus princípios, seus valores, seus sonhos e sua visão.

E quando me prometeram o melhor, mais êxito, mais dinheiro, mais fama, me dei conta de que eu não me importava com isso, que o que eu queria estava em outro lugar, e essa força interna que sempre me acompanhou me guiou a reencontrar-me com minha montanha que finalmente e depois dessa longa travessia conseguimos comprar.

Encontrá-la foi achar a fonte que integraria por fim meu sonho em quatro áreas: prosperidade, felicidade, cultura e liberdade. Essas áreas resumem minha jornada, o mapa de minha própria experiência, apontam o caminho que me permitiu chegar até aqui, ao sul do Chile, para tornar meu sonho possível e enraizar-me nessa montanha de onde lhes narro minha história.

Sob estes pilares nasce Cóndor Blanco, a *startup* que me permitirá abrir as asas e que me propiciou levantar e brilhar: voar na consciência, como os condores que voaram sobre o topo da montanha na primeira vez que a vi, esse era meu propósito. Então fundei oito escolas que condensariam o sonho e se expandiriam ao redor do mundo, consolidando o que hoje conhecemos como Cóndor Blanco Internacional, uma organização de desenvolvimento humano que prepara pessoas na arte de fazer e de ser.

CONCLUSÃO

"Abraçando o futuro com ousadia"

A vida é a maior aventura na qual embarcamos. Governada pela lei da impermanência e pela mudança constante, a experiência humana exige um constante redesenho e o despertar de nosso potencial mais precioso. A ousadia é a qualidade indispensável para nos superarmos, enfrentar as mudanças e nos atrevermos a dar um salto exponencial em direção ao crescimento. É a fonte de energia que nos mantém em movimento, nos permite romper com a inércia da mediocridade, enfrentar nossos medos nos momentos de caos e transcender as barreiras internas que nos impedem de brilhar. A ousadia é o sabre que aniquila a preguiça, repele o medo e as inseguranças, vai além e apesar de qualquer ferida, cortando as redes da negatividade. É essa força inquebrantável que, seguindo as batidas do coração, nos convida a inovar, a empreender, a dar um passo para o desconhecido e a nos lançarmos ao todo para alcançar nossos sonhos.

O ser ousado em minha vida tem sido a fórmula mais eficaz para dissolver as defesas contra a mudança. Porém, vendo o recorrido traçado em minha existência, posso dizer com certeza que de nada serve sermos ousados se não aprendemos com nossos erros, com nossas quedas, com nossos atos intrépidos e impulsivos e não nos damos a permissão de nos renovarmos, de integrar o aprendido e desaprender o que já é obsoleto dentro e fora de nós. A ousadia é, portanto, uma força alquímica que trabalha em dupla direção: nos permite avançar passo a passo para nossos sonhos de progresso externo, ao mesmo tempo que nos entrega a coragem de olhar para dentro, nos atrevendo a deixar os condicionamentos de um velho eu governado pelo egoísmo e pela ignorância, e a despertar a sabedoria que entrega o autoconhecimento e que nos permite abrir as asas da evolução. A ousadia encaminhada exclusivamente para o progresso tem gerado o desequilíbrio que temos como humanidade: um crescimento exponencial em termos de tecnologia, em contraste proporcional com a pobreza, a injustiça social, a corrupção, o abuso de poder e a destruição da natureza. Não se trata de renunciar ao mundo externo e culpar o progresso pela degradação de valores humanos que estamos vivendo; trata-se de desenvolver em paralelo o mundo interno, despertando qualidades essenciais como o respeito à vida, a empatia, a convivência e a generosidade, que só nascem de um profundo trabalho de autoconhecimento e transformação interna. Cada momento da história desafia, de alguma maneira, nossa ousadia como humanidade, convidando-nos a realizar mudanças disruptivas que revolucionam as regras estabelecidas e transformam nosso modo de ver o mundo e de nos relacionarmos com ele. A ousadia é a mãe de todas as contribuições revolucionárias, sejam estas descobertas científicas, colaborações transformadoras da consciência ou giros que respondem a uma necessidade de justiça social ou de igualdade, como foi o caso do fim do *Apartheid*, da luta pelo sufrágio feminino e da queda do muro de Berlim. Osho, por exemplo, rompeu todos os esquemas ao unir as terapias do Ocidente com a meditação do Oriente. Deu-se conta de que a terapia, a catarse e o descondicionamento eram ferramentas de que o homem do século XX necessitava para que a meditação pudesse ter lugar. Atualmente a meditação também está avançando com ousadia, saindo do mundo exclusivo da espiritualidade e estendendo-se às empresas. Esta prática milenar está sendo requerida pelos grandes CEOs porque antigamente os empregados tinham pouco para decidir, mas hoje em dia, com o ritmo agitado e os desafios econômicos do mundo moderno, se está vendo a importância de contar com uma mente calma como aliada para despertar o empreendedor interior, capaz de tomar muitas decisões, improvisar com os erros e acertos, adaptar-se com criatividade às mudanças até acertar o alvo, sem prender-se aos êxitos nem aos fracassos.

As mudanças no mundo estão acelerando a um ritmo exponencial. É certo que estamos vivendo um momento de caos, e o que se aproxima na humanidade são novos desafios que vão espantar os preguiçosos, os covardes, os desanimados ou negativos. Mas aos dinâmicos, aos ousados e valentes, os positivos e animados esses mesmos desafios encantarão, despertando neles a paixão por ter uma vida com sentido. Nunca antes tinha sido possível que Oriente e Ocidente se encontrassem. Que o místico e o material se abraçassem, que a ciência e a espiritualidade se reconhecessem, que a criatividade e a razão se integrassem. Que os homens e as mulheres se apoiassem e se protegessem de maneira igualitária. Que os jovens de hoje e os do passado se conectassem, se vissem com bons olhos e fizessem uma aliança para que a sociedade inteira desse um só salto, com um mesmo impulso, uma mesma força. Isto é a nova era, isto é criar uma nova humanidade. Este é meu ato de OUSADIA e o que Cóndor Blanco propõe: desenvolver as duas asas do Progresso e Evolução, unificar as técnicas ancestrais e modernas para enfrentar este novo tempo. A forma de enfrentar os desafios atuais é nos projetando para o futuro com a ousadia de uma visão inovadora, resgatando o mais valioso de nossas raízes e da sabedoria antiga. Descobri as técnicas de cura ancestral ao longo de minha jornada, e elas estão gravadas em minha experiência de vida, ao mesmo tempo que sempre me acompanha esse espírito explorador, que busca renovar-se e atualizar-se constantemente. Posso dizer com certeza que os conceitos do futurismo que atualmente se expõem estão conectados com as técnicas ancestrais que conheço desde pequeno e com as quais fui criado. Estamos falando da mesma coisa em tempos diferentes. E a aliança, em realidade, nunca se quebrou: só temos de reconhecê-la, honrá-la e empoderá-la até alcançar a verdadeira mudança, essa que todos como humanidade estamos buscando: a ousadia de assumir uma mudança de consciência.

Triunfador

Não escute os medíocres que dizem que "Você não pode!"
Não escute os covardes que lhe dizem "Não se arrisque!"
Não escute os negativos que lhe dizem "Eu não creio!"

Não escute os ociosos que lhe dizem "Não trabalhe!"
Nem escute o fracassado que lhe diz "Não tente!"

Só escute o otimista que lhe diz "Avance, você pode!"
Só escute os valentes que lhe dizem "Não se renda!"
Escute os entusiastas que animam e dão alento,
Os grandes Triunfadores que sonham com o impossível.

Escute os que conhecem o caminho à vitória.
Eles construirão mundos, impérios, galáxias, sóis.
Você encontrará o maior tesouro que há na vida:
A Liberdade verdadeira, a consciência de quem você é:
Um Ser Total, sem fronteiras,
Sem limites, sem miséria...

BIBLIOGRAFIA

Livros

BRANDEN, Nathaniel. *Cómo mejorar su autoestima*. Barcelona: Paidos, 2010.

CAMPBELL, Joseph. *El héroe de las mil caras*. México: Fondo de Cultura Económica, 1972.

ELIADE, Mircea. *Diario 1945-1969*. Barcelona: Kairos, 2001.

FOX, Glenn R.; KAPLAN, Jonas; DAMASIO, Hanna; DAMASIO, Antonio. "Neural correlates of gratitude". *Frontiers Research Topics*, 2015. DOI: 10.3389/3389/fpsyg.2015.01491.

FREUD, Anna. *El yo y los mecanismos de defensa*. Barcelona: Paidós Ibérica, 1961.

GORE, Al. *O futuro*. São Paulo: HSM, 2013.

GUERRERO, Juan Antonio. Coaching *para conseguir tu libertad financiera*. Madrid. Mestas, 2014.

HELLINGER, Bert. *Órdenes del amor*. Barcelona: Herder, 2001.

KABAT-ZINN, John. *Vivir con plenitud las crisis*. Barcelona: Kairos, 2003.

KABAT-ZINN, John. *El poder de la atención:* 100 lecciones sobre mindfullness. Barcelona: Kairos, 2010.

KRISHNAMURTI, Jiddu. *Diario I*. Barcelona: Kairos, 1999.

KÜBLER-ROSS, Elisabeth. *Sobre el duelo y el dolor*. Barcelona: Luciérnaga, 2015.

LANDAW, Jonathan. *El principe Sidarta:* la historia del Buda. Alicante: Dharma, 2011.

MATTOS, Tiago. *Vai lá e faz.* Caixas do Sul: Belas Letras, 2017.

OSHO. *El libro de los secretos.* Madrid: Gaia, 1999.

PRIGOGINE, Ilya. *Las leyes del caos.* Barcelona: Critica, 2008.

SAGAN, Carl. *Cosmos: un viaje personal.* Lectulandia, 1980.

SAGAN, Dorion; SCHNEIDER, Eric D. *La termodinámica de la vida:* física, cosmología, ecología y evolución, escrito por los grandes divulgadores científicos. Barcelona: Tusquets, 2008.

SAMSO, Raimon. *El código del dinero.* Barcelona: Obelisco, 2009.

SHULMAN, Jason A. *Isaac Asimov's Book of Science and Nature Quotations.* New York: Weidenfeld & Nicolson, 1988.

SOLAR, Suryavan. *Meditación:* el arte de volar. Santiago: Cóndor Blanco, 2014.

_____. *Shanti-Kai:* uma meditação que transforma nosso destino. São Paulo: Cóndor Blanco, 2016.

_____. *Señales de vida:* un preludio al entendimiento. Santiago: Cóndor Blanco, 2014.

_____. *Coaching express:* los orígenes de un nuevo estilo. Santiago: Cóndor Blanco, 2012.

_____. *La pluma y la espada*: poemas de un chamán. Santiago: Cóndor Blanco, 2006.

THOREAU, Henry David. *Walden, ou A vida nos bosques.* São Paulo: Editora Ground, 2007.

VERGARA, Delia. *Encuentros con Lola Hoffmann.* Santiago: Catalonia, 2003.

WILBER, Ken. *La vision integral:* introducción al revolucionario enfoque sobre la vida, Dios y el universo. Barcelona: Kairos, 2008.

ZARAGOSA GAY, Victor. *Filosofía rebelde:* un viaje a la fuente de sabiduría. Barcelona: Kairos. 2010.

Sites

BOEREE, G. A vida de Siddhartha Gautama. *Webspace.ship.edu*. Disponível em: <http://webspace.ship.edu/cgboer/vida.pdf>. Acesso em: 20 mar. 2018.

BUSCATO, Marcela. Meditar para produzir. *Epoca.globo.com*, 20 out. 2014. Disponível em: <https://epoca.globo.com/vida/noticia/2014/10/bmeditarb-para-produzir.html>. Acesso em: 20 mar. 2018.

GOLDSMITH, Marshall. The success delusion: why it can be so hard for successful leaders to change. *The Conference Board Review*, jan.-fev. 2007. Disponível em: <http://www.marshallgoldsmith.com/articles/the-success-delusion/>. Acesso em: 20 mar. 2018.

HADAD, Camila. Alejandro Melamed. Hoy en día el analfabeto es el que no tiene cultura digital. *Infobae*, 17 jun. 2017. Disponível em: <https://www.infobae.com/sociedad/2017/06/17/alejandro-melamed-hoy-en-dia-el-analfabeto-es-el-que-no-tiene-cultura-digital/>. Acesso em: 20 mar. 2018.

LONDOÑO, C. ¿Quién es Maggie MacDonnell? Así contó su historia la mejor profesora del mundo. *Eligeeducar*, 22 jun. 2017. Disponível em: <http://www.eligeeducar.cl/quien-maggie-macdonnell-asi-conto-historia-la-mejor-profesora-del-mundo>. Acesso em: 20 mar. 2018.

MAJJIMA NIKAYA. *Sati Patthana:* los 4 fundamentos de la atención. Disponível em: <http://www.librosbudistas.com/tema/atencion>. Acesso em: 20 mar. 2018.

MOORE, Michael. El éxito educativo en Finlandia. *Grupo Competir*. 1º ago. 2016. Disponível em: <https://www.youtube.com/watch?v=2HGu5zyq5yI>. Acesso em: 20 mar. 2018.

RODRIGUEZ, Margarita. Cerca de 95% de los homicidas en todo el mundo son hombres... ¿Por qué las mujeres matan menos? *BBC Mundo*, 20 out. 2016. Disponível em: <http://www.bbc.com/mundo/noticias-37433790>. Acesso em: 20 mar. 2018.

RUBIN, Alberto. Las 71 mejores frases de Jim Rohn (éxito y liderazgo). *Lifeder.com*. Disponível em: <https://www.lifeder.com/frases-jim-rohn/>. Acesso em: 20 mar. 2018.

SANGYE, P. Cien versos de consejo. *Budismolibre*. Disponível em: <http://www.budismolibre.org/docs/sutras/Paramabuda_Padampa_Sangye_Cien_Versos_de.pdf>. Acesso em: 20 mar. 2018.

THICH NHAT HANH. Poema sobre a impermanência. *Meditação e Psicologia*, 26 jan. 2015. Disponível em: <http://meditacionypsicologia.com/2015/01/26/poema-sobre-la-impermanencia/>. Acesso em: 20 mar. 2018.

WANG, Berna. Los cinco lemas de Machig Labdron. *Bernawang.wordpress.com*, 18 nov. 2015. Disponível em: <https://bernawang.wordpress.com/2015/11/18/los-cinco-lemas-de-machig-labdron/>. Acesso em: 20 mar. 2018.

Este livro foi impresso pela gráfica Rettec em papel norbrite 66,6g.